北大版新一代对外汉语教材·基础教程系列

中文基础读本
（上）

An Elementary Chinese Reader
(Volume 1)

王之容　编著

北京大学出版社
PEKING UNIVERSITY PRESS

图书在版编目(CIP)数据

中文基础读本(上)/王之容编著.—北京：北京大学出版社，2004.11
(北大版新一代对外汉语教材·基础教程系列)
ISBN 7-301-06895-6

Ⅰ.中… Ⅱ.王… Ⅲ.汉语-阅读教学-对外汉语教学-教材 Ⅳ.H195.4

中国版本图书馆 CIP 数据核字(2004)第 000281 号

书　　　名：	中文基础读本(上)
著作责任者：	王之容　编著
责 任 编 辑：	沈岚
标 准 书 号：	ISBN 7-301-06895-6/H·0972
出 版 发 行：	北京大学出版社
地　　　址：	北京市海淀区中关村北京大学校内　100871
网　　　址：	http://cbs.pku.edu.cn
电 子 信 箱：	zpup@pup.pku.edu.cn
电　　　话：	邮购部 62752015　发行部 62750672　编辑部 62752028
排 版 者：	兴盛达激光照排中心　82715400
印 刷 者：	北京大学印刷厂
发 行 者：	北京大学出版社
经 销 者：	新华书店
	787 毫米×1092 毫米　16 开本　15.75 印张　310 千字
	2004 年 11 月第 1 版　2004 年 11 月第 1 次印刷
定　　　价：	50.00 元(附赠两张 CD)

未经许可，不得以任何方式复制或抄袭本书之部分或全部内容。
版权所有，翻版必究

目 录
CONTENTS

前言	1
Introduction	5
缩略语表 ABBREVIATIONS	9
第一课 CHAPTER ONE	1
1. 我的朋友	1
2. 我的"父母"	9
第二课 CHAPTER TWO	18
1. 我的中国家	18
2. 老师的生日	25
第三课 CHAPTER THREE	35
1. 我的同屋	35
2. 我看北京	42
第四课 CHAPTER FOUR	51
1. 苏州	51
2. 瑞士小城	58
第五课 CHAPTER FIVE	68
1. 世界上的语言	68
2. 北方话和南方话	75
第六课 CHAPTER SIX	84
1. 出国以前	84

2. 北京大学 ·· 92

第七课　CHAPTER SEVEN ·· 101
  1. 给朋友的一封信 ·· 101
  2. 一封申请信 ·· 110

第八课　CHAPTER EIGHT ·· 121
  1. 驴子和老虎 ·· 121
  2. 猴王孙悟空 ·· 130

第九课　CHAPTER NINE ·· 141
  1. 神医华佗 ·· 141
  2. 关公看病 ·· 150

第十课　CHAPTER TEN ·· 161
  1. 中国素菜 ·· 161
  2. 天下第一菜 ·· 171
参考答案　Keys to Exercises ··· 183
生词表　Vocabulary Index ··· 205

前　言

　　在学习一门外语的初、中级阶段,外语学习者的主要精力一般都是放在掌握词汇和语法上。但有了一定的词汇,弄懂了语法规则是否就算学会了这门语言呢?当然不算。倘若语言学习者只停留在学习词汇及语法阶段,是很难真正学好一门外语的。

　　词汇和语法就像是引领我们进入外语世界的拐杖。若想在这个世界里自由地行走或奔跑,最终还要扔掉这拐杖。而可以帮助我们扔掉这拐杖的,就是大量的阅读。通过多读可以提高理解和写作的能力已是不争的事实。古人所谓"读书破万卷,下笔如有神"不无道理。在语言习得的过程中,说本国语言的人尚且要靠多读来提高母语水平,更何况学外语的人?多读,也可以培养我们对所学外语的"语感",反过来再增强我们的口语表达能力。鉴于此,我根据自己在哥伦比亚大学教授"非零背景初级班"学生的经验,编写了这本以提高学生中文阅读能力为主要目的的教材。

　　所谓"非零背景初级班",通常是指由"advanced beginners"或称"heritage students"组成的初级班。这类学生在听力上有一定的基础,也能应付简单的会话,但他们大多不能读、写汉字。近年来,随着中国经济的发展,大量的西方外交和商务人员驻华工作和学习,他们的子弟在中国长大,耳濡目染学了一些中文,但这些孩子上的大多是用其母语教学的国际学校,长大后回西方读书,很多是会说汉语的中文文盲;此外,近年来华人大量走向世界,他们的子女因家庭和文化背景也自然地学会了一些汉语,这批学生成了西方国家学汉语的学生中增长最快的一个族群。1998年来,我与几位同行开始编著一本供这类学生使用的教材《大学语文:A Primer for Advanced Beginners of Chinese》(纽约哥伦比亚大学出版社出版,2003)。在这部教材的试用过程中,我发现学生对教材中涉猎的内容表现出浓厚的兴趣,不少学生表示希望多读一些类似的、有趣的东西来提高他们的阅读理解能力,唤起他们的学习兴趣,同时来整合他们已有的汉语知识。于是我就开始针对他们的词汇量、语法能力和知识背景,陆续写了一些课文,并先后设计了相应的练习来配合教学。在这几年的使用过程中,我对这些课文和练习做了多次增补修改,并按难度分为两册:《中文基础读本》(上)和《中文基础读本》(下)。在教学实践中,这两册读本达到了良好的教学效果。

这两本教材可供非零背景的初级班学生作为正规教材扩大词汇量、理解语法、提高阅读能力使用,也可供中级水平的读者作为阅读教材,使其更多地了解中国的文化内容。它们既可合起来配套使用,也可单独选用。

《中文基础读本》(上)设计和体例

选题及安排 本教材按主题分为十课,每一课包含两篇阅读课文。主题的编排由易到难,课文长度由短至长。考虑到学生的阅读态度和动机,本教材在选题时选取了一些与学生日常生活相关的话题。阅读内容涉及宿舍、朋友、老师、同学、买东西、吃饭、旅行、看病、写信等等。最后几篇课文还选用了有名的历史故事和民间传说,目的是让学生在练习阅读的同时也了解一些中国传统历史文化。

读前练习 在每课的每一篇课文前都有一个读前练习,它以口语练习形式出现,是阅读前的热身活动。前五课的读前练习的指示语言是英语,从第六课开始逐渐使用中文。读前练习有以下几个目的:一、引导学生对将要阅读的内容进行思考,为进入情景做准备;二、让学生围绕这一主题预先展开讨论,以唤醒已有的词汇;三、帮助学生熟悉阅读中出现的一些关键词语,为下面的阅读扫除障碍。读前练习可全班一起做,也可让学生分小组做。

快速略读 我们日常生活中的阅读有很多都属于快速略读性的阅读。比如,你想从一篇文章中找到某个明星结婚的日期或某家饭店的地址,你不会通读文章中的每个词或句子,而是查找相关的段落以寻找所要的信息。本教材的快速略读练习都设在读前练习与首次阅读之间,任务是从课文中直接找出所要的词语或句子,而不需要通读全文,更不必推理或推敲。快速略读属于有指导性的速读。在世界逐渐走向信息化的今天,人们会越来越频繁地使用略读这种阅读方式。

首次阅读和二次阅读 本教材的每一篇课文都有两次阅读。每一次阅读之后都有相应的读后测试题。首次阅读的目的是让学生读懂课文的主要意思,抓出大块面,理出主线条,不在枝节上用力。二次阅读则是深层次的阅读理解。它要求学生阅读时注意主线条下的各个枝节,并理清不同枝节间的层次关系。除了篇章方面的阅读训练外,二次阅读练习中还包括词汇用法方面的测试题。有的题目是让学生对课文中出现的词语进行搭配。对水平高一点的学生来说,有些词语的搭配不必通过阅读也能回答,这类练习是为了让学生有机会温习已知的词汇,并掌握一些新的词汇用法。

生词 本教材中每课的生词都列在二次阅读练习之后。这样安排有两个原因：一、让学生在泛读时不容易查看生词，养成不依靠生词、容忍生词的习惯，逐渐学会从上下文中猜测词义。二、在完成了快速略读和泛读之后，如果有的同学对课文仍有不解之处，或希望精读课文，可以先学习生词，然后借助生词表进行阅读。

综合练习 每一篇课文的最后都有综合练习。学生应该在熟悉了课文的生词和内容之后做这部分练习。综合练习由以下几个部分组成：语音练习、汉字练习、词汇练习、语法练习、讨论题、阅读练习及写作练习。语音及汉字练习中选用的字、词或者部首都是本课或本课之前出现过的。语法及词汇练习是根据我个人的教学经验，针对外国学生易犯的词汇及语法错误而设计的。综合练习中的讨论题和阅读练习是为了给学生提供更多口语练习和阅读的机会。每课的写作题目大都与阅读练习或课文有关，目的是让学生模仿写作，通过写作来巩固和使用学过的词汇。

加油站 本教材每一课的后面都设有一处"加油站"。加油站的设置是为了提供一些相当有用而教材的课文中又无法囊括的基本词汇和句型。每个加油站中都有一组属于同一话题的相关词汇，有的是数字、时间、天气，也有的是身体部位、家具、颜色、食品等等。另外，每个加油站的词汇后面都附有相应的练习题，老师可根据学生的实际水平或需求选择使用。

> 本教材主要是为提高学生的阅读能力而设计的，其中也包括了口语、语法及写作方面的练习。这是一本力图将语言交际中诸要素融为一体的系统性读本。本教材可以作为阅读课的正式教材使用，也可以作为其他教材的补充读本；它可供课堂教学使用，也适用于自学，或供学生课后阅读，课上讨论使用。本教材是以有一定中文背景的初级班学生的情况为基础编写的，所以对于真正"零背景"的学生，应俟其学完一个学期后方可使用。此外，这部教材对在中国学习的外国留学生也是一本非常有益的阅读和自学教材，因为留学生们生活在中国，每天的学习及生活环境都跟中文有关，有学习动力及相应的背景知识，本书的内容对他们更实用、亲切和有针对性。

编者

2003年11月于纽约

Introduction

The Chinese language is one of the fastest growing languages in the world in terms of popularity. It is spoken by over one-fifth of the world's population today, and with China playing a more and more important role in the world, many foreign students now see the importance of learning the Chinese language. As a result, Chinese programs around the world is increasing steadily each year.

First, in recent years, more and more foreigners are working or studying in China. Most of them have children who go to international schools there. Their children are mostly "advanced beginners". Secondly, since the opening up of China, more and more Chinese people are studying and developing careers overseas, their children are called "heritage students".

"Advanced beginners" or "heritage students" are those who can speak and understand basic Chinese but cannot read and write it. The "advanced beginners" are different from the "very beginners." Although they can understand basic Chinese or can carry out basic conversations, they don't have the systematic grammatical knowledge of the language, and their vocabulary is limited. They also need intensive training in reading and writing while improving their overall language skills. It has become imperative for instructors of the Chinese language to design a Chinese curriculum specifically for "advanced beginners."

In 1998, several colleagues of mine and I began to compile a textbook entitled *A Primer for Advanced Beginners of Chinese* (Vol. I and Vol. II), published by Columbia University Press in 2003. During the trial period of this textbook, I noticed that those "advanced beginners" were very interested in the topics covered in that textbook. They repeatedly expressed their desire to read more materials. Thus, I began to write reading materials and design exercises based on the students' vocabulary.

The materials are divided into two volumes according to the difficulty: An Elementary Chinese Reader (Vol I. and Vol. II).

GENERAL LAYOUT OF THE TEXTBOOK

An Elementary Chinese Reader targets advanced beginners of the Chinese language, especially college-level students. It can also be used as a supplementary reader after they reach a certain level of Chinese. For those who wish to practice reading Chinese on their own, this is a very practical reader with which to begin. The textbook consists of ten chapters, each chapter has two main readings. Various topics, such as school, family, travel, writing letters, weather, food and medicine are covered, the general layout of the textbook is as follows:

Exercises Before You Read: Each lesson begins with pre-reading activities to motivate students and prepare them for the reading. This section also provides students an opportunity for oral discussion and makes them think about the topic they are going to read. The pre-reading exercises for the first five chapters are in English, and changed into Chinese, beginning with Chapter Six.

Scanning Reading Exercises: People obviously have different reading techniques. Scanning reading is a technique of reading for specific information. Students don't have to read literally but need to pay attention to the relevant parts or the sentences relating to specific information. Scanning reading exercises are best done in class with a time limit.

First Reading and Second Reading: Each text needs to be read twice with exercises after reading. The purpose of the first reading is to train students to grasp main ideas. The second reading is to aim at training readers to draw conclusions by reasoning or deducting what they have read. Exercises after reading include answering questions as well as finding the correct collocations of key words.

New Words: New words in *An Elementary Chinese Reader* is listed after second reading.

Comprehensive Exercises: Comprehensive exercises include pronunciation, character, grammar, oral discussion, reading comprehension, and composition exercises.

Tips of the Lesson: Some basic and useful expressions that might not be covered in the main readings are mentioned in the section of Tips of the lesson, which is used as a supplementary exercise to each chapter.

I hope this reader can be helpful for those advanced beginners to learn Chinese, and most of all, enjoy reading Chinese.

Author
November 2003

缩略语表
ABBREVIATIONS

adv.	adverb
conj.	conjunction
cv.	co-verb
ie.	idiomatic expression
Interj.	interjection
m.	measure word
n.	noun
num.	numeral
onom.	onomatopeia
p.	particle
prep.	preposition
pron.	pronoun
pn.	proper noun
sv.	stative verb
v.	verb
vp.	verb phrase
vo.	verb-object

第一课
CHAPTER ONE

 读前练习 Exercises Before You Read

Introduce yourself to your classmates with the following information: your last name, given name, birthday, birth place and hobbies.

1. 我的朋友

我是英国人,叫Emmy Lee,现在我在中国学习中文。我没有中文名字,老师和同学们都叫我"小李"。我有很多好朋友,我要给你们介绍一下。

这是我的朋友王小文,她是中国人,今年二十一岁。小文会说英文,也会说一点儿日文。她很喜欢唱歌。中文歌、日文歌,她都会唱。小文现在是北京大学的学生,她学美国历史,明年八月,她要去美国学习。

那是我的日本朋友,他姓山口,名字叫千一,我们都叫他山口先生。山口先生在日本的时候是英文老师,他的英文很好。说中文的时候,他常常用一点儿英文。山口先生很会做饭,我们都很喜欢吃他做的饭。

他是法国人,是我在中国认识的第一个朋友。我不知道他的法文名字叫什么,只知道他的中文名字叫林欢。小林今年二十二岁,他喜欢听音乐,也爱看法文小说。小林每天晚上都要喝一点儿酒。中国酒,外国酒,他都喜欢喝。他的朋友们都知道他爱喝酒。

她是美国人,姓MacDonald,名字叫Jean。她的中文名字是马真。马真是我的同学,也是我的好朋友。她性情很好,也喜欢帮助别人,老师和同学们都很喜欢她。马真有很多中国朋友,她的中文很不错。

快速略读练习 Scanning Reading Exercises

Read the sentences below. Then quickly look through the reading我的朋友

1. 王小文今年_____岁。
2. 我的日本朋友姓_____,名字叫_____。
3. 林欢是_____人。
4. 马真是我的_____朋友。

首次阅读练习 Exercises After First Reading

Now read the story again for the main idea. Do the exercise after reading.

辨识段落大意 Identify Main Ideas

The following are the main ideas of the five paragraphs in the reading. Write down the number of the paragraphs that represent each main idea.

_____我有很多朋友。
_____我的美国朋友马真。
_____我的中国朋友王小文。
_____我的朋友林欢。
_____我的朋友山口先生。

二次阅读练习 Exercises After Second Reading

Read the story carefully this time. Then finish the exercises below.

一、根据课文内容，回答下列问题。(Answer the following questions based on the text.)

1. 林欢今年多大？

2. 王小文会唱日文歌吗？

3. 山口先生会不会说英文？

4. "我"的美国朋友姓什么？叫什么名字？

5. 王小文是不是日本人？

6. 林欢喜欢不喜欢喝中国酒？

二、判断正误：如果句子不对，请改正。(Mark the following statements true or false based on the text. If it is false, correct it.)

1. _____ 王小文是北京大学的老师。
2. _____ 山口先生的英文很好。
3. _____ "我"的法国朋友不姓马，他姓林。
4. _____ 王小文不会说英文。
5. _____ 马真性情不好，也没有朋友。
6. _____ 林欢爱看中文小说，也喜欢听音乐。

三、词语搭配：在B组词中找出与A组词搭配的词或词组。(Collocation: find the proper words or phrases in column B to match those in column A.)

Column A
1. 唱_____
2. 说_____
3. 学_____
4. 会_____
5. 吃_____
6. 姓_____
7. 有_____
8. 叫_____
9. 喝_____
10. 喜欢_____

Column B
A. 饭
B. 歌
C. 马真
D. 酒
E. 中国朋友
F. 看小说
G. 历史
H. 王
I. 做饭
J. 英文

完成快速略读及泛读，熟悉下列课文生词，精读课文。
After scanning and extensive reading, learn the following vocabulary before intensive reading.

生词 New Words

1.	叫	jiào	v.	be called; call
2.	现在	xiànzài	n.	now
3.	在	zài	prep.	in; at
4.	学习	xuéxí	v.	study; learn
5.	没有	méiyǒu	v.	there is not; not have
6.	名字	míngzi	n.	name
7.	老师	lǎoshī	n.	teacher
8.	和	hé	conj.	and
9.	同学	tóngxué	n.	classmate; schoolmate
10.	都	dōu	adv.	all; both
11.	李	Lǐ	n.	a surname

12. 有	yǒu	v.	have; there is
13. 很	hěn	adv.	very; quite
14. 多	duō	sv.	many
15. 朋友	péngyou	n.	friend
16. 给	gěi	cv.	give; grant
17. 介绍	jièshào	v./n.	introduce; introduction
18. 一下	yíxià	m	once; one time
19. 这	zhè	pron.	this
20. 王	Wáng	n.	a surname
21. 今年	jīnnián	n.	this year
22. 岁	suì	m.	year (of age)
23. 会	huì	v.	can; be able to, will
24. 说	shuō	v.	speak; say
25. 英文	Yīngwén	n.	English
26. 一点儿	yìdiǎnr	m.	a bit; a little
27. 日文	Rìwén	n.	Japanese
28. 喜欢	xǐhuan	v.	like; be fond of
29. 唱	chàng	v.	sing
30. 歌	gē	n.	song
31. 大学	dàxué	n.	college; university
32. 学生	xuésheng	n.	student; pupil
33. 历史	lìshǐ	n.	history
34. 明年	míngnián	n.	next year
35. 去	qù	v.	go to
36. 那	nà	pron.	that
37. 姓	xìng	n./v.	surname; be surnamed
38. 先生	xiānsheng	n.	mister (Mr.); sir
39. 时候	shíhou	n.	(a point in) time; moment
40. 常常	chángcháng	adv.	often; frequently
41. 用	yòng	v.	use
42. 做饭	zuò fàn	vo.	cook; prepare a meal
43. 吃	chī	v.	eat; take

44.	认识	rènshi	v.	know; recognize
45.	第	dì	prefix.	marker of ordinal numerals
46.	知道	zhīdào	v.	know; be aware of
47.	什么	shénme	n.	what
48.	只	zhǐ	adv.	only; just
49.	林	Lín	n.	a surname
50.	听	tīng	v.	listen
51.	音乐	yīnyuè	n.	music
52.	爱	ài	v/n.	love; affection
53.	看	kàn	v.	read; look; see
54.	法文	Fǎwén	n.	French
55.	小说	xiǎoshuō	n.	novel; fiction
56.	每	měi	pron.	every; each
57.	晚上	wǎnshang	n.	evening
58.	喝	hē	v.	drink
59.	酒	jiǔ	n.	wine; liquor; spirits
60.	外国	wàiguó	n.	foreign (country)
61.	马	Mǎ	n.	a surname
62.	性情	xìngqíng	n.	nature; temperament
63.	帮助	bāngzhù	v.	help; assist
64.	别人	biéren	pron.	others; other people
65.	不错	búcuò	sv.	not bad; pretty good

专有名词 Proper Nouns

英国	Yīngguó	pn.	Britain; England
中国	Zhōngguó	pn.	China
美国	Měiguó	pn.	USA
日本	Rìběn	pn.	Japan
法国	Fǎguó	pn.	France
北京	Běijīng	pn.	Beijing (the capital of China)

综合练习 Comprehensive Exercises

一、写出下列音节的声、韵母。(Write out the missing initials and finals.)

1. ____ì běn   Japan   ____ì diǎnra   little
2. ____uō   speak   ____ué   study
3. r____ shi   know; recognize   j____ nián   this year
4. míng ____i   name   ____ī dào   know
5. bú ____uò   pretty good   xiǎo____uō   novel
6. yí g____   one   Fǎ g____   France
7. zuò ___àn   cook   xǐ____ān   like
8. b____ zhù   help   p____ you   friend

二、给拼音加汉字或给汉字加拼音。(Write out characters for the *pinyin* and convert characters to *pinyin*.)

1. Zhōngguó   2. shénme   3. lǎoshī
4. tóngxué   5. shíhou   6. lìshǐ
7. míngnián   8. Yīngwén   9. xiānsheng
10. měitiān   11. yīnyuè   12. xuésheng
13. 姓   14. 叫   15. 是
16. 多   17. 都   18. 也
19. 有   20. 要   21. 用

三、选择正确答案。(Choose the most appropriate answer for each of the sentences.)

1. 他_____什么? _____什么名字?
   A. 姓/叫   B. 叫/姓   C. 叫/名字

2. 小林今年二十二_____。
   A. 年   B. 岁   C. 个年

3. 小王_____很多中国朋友。
   A. 说   B. 会   C. 有

4. 他的朋友_____说中文。

   A. 会不   B. 不会   C. 会不会

5. 我的中文不好,他的中文_____不好。

   A. 都   B. 也   C. 一点儿

6. 他们每天晚上_____学中文。

   A. 常常   B. 也   C. 都

7. 我不_____他的中文名字。

   A. 知道   B. 认识   C. 学习

8. 他不_____我的中文老师。

   A. 在   B. 是   C. 姓

9. 他们不知道他的名字,_____知道他是北京人。

   A. 和   B. 都   C. 只

10. 小王的朋友不爱_____外国酒。

    A. 喝   B. 唱   C. 听

四、完成下列对话。(Complete the following dialogue.)

A:你好!

B:_____!_____?

A:我姓王,叫王国明。_____?

B:我_____,叫_____。

A:你_____?

B:我不是中国人,我是美国人。

A:你_____?

B:我不会说日文,我只会说英文和中文。

五、组词成句。(Make sentences by using the following words.)

1. 叫 我 王小文 王 姓
2. 会 英文 说 不 她
3. 我 都 我的 朋友 喜欢
4. 他说 明年 岁 小马 二十
5. 的 不是 他 我 同学
6. 爱 他 不知道 老师 看小说

六、讨论与写作。(Discussion and writing.)

1. Introduce yourself to the class using the following expressions.（用下面的词语介绍你自己。）

姓;叫;是;会;有;喜欢;爱;做;吃;喝;看;听;说;唱;学;知道;认识;帮助;用;常常;都;也;时候;一点儿

2. Write down the oral introduction.（把上面的介绍写下来。）

 读前练习 Exercises Before You Read

Introduce your parents to your classmates with the following information: their last name, given name, hobbies, the story of knowing each other, etc.

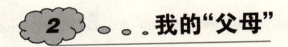

我的"父母"

那是我第一次去小张家。我认识小张一个月以后,有一天,她请我去她家吃饭。那天,小张的妈妈做了很多菜,都很好吃。我非常高兴,吃了很多。吃了饭以后,我告诉小张的妈妈,她做的菜太好吃了,在德国没有这么好吃的中国菜。小张的妈妈说,要是我喜欢,可以常来吃她做的菜。从那天以后,我差不多每个星期都去小张家吃饭。小张的父母人很好,很快我就觉得在这里跟在自己的家里一样。小张的爸爸妈妈就成了我的中国"父母"。

因为常去小张家吃饭,我学会了做简单的中国菜,也知道了我的中国"父母"的一些历史。小张的爸爸是上海人,妈妈是北京人。他们是在上海上大学的时候认识的。大学毕业以后,他们一起来北京工作,两年以后,就结婚了。

小张的妈妈很喜欢画画儿。她说,教她画画儿的老师很有名。在北京上小学、中学的时候,她每个星期天都去老师家,跟老师学习画画儿。现在他们家的很多画儿都是她画的。

小张的爸爸喜欢唱歌。他早上洗澡的时候唱,晚上做饭的时候也唱。中国歌,外国歌,他都喜欢唱。除了唱歌,他也爱看电影。我知道的一些好电影,他们家差不多都有。

我很喜欢小张一家人,喜欢吃我的中国"妈妈"做的菜,听他们讲以前的生活,也喜欢叫他们"爸爸、妈妈"。

快速略读练习 Scanning Reading Exercises

Read the sentences below. Then quickly look through the reading 我的"父母"。
1. 我认识小张_____以后,她请我去她家吃饭。
2. 小张的爸爸妈妈是在_____认识的。
3. 小张的妈妈喜欢_____。
4. 小张的爸爸喜欢_____。

首次阅读练习 Exercises After First Reading

Now read the story again for the main idea. Do the exercise after reading.

辨识段落大意 Identify Main Ideas

The following are the main ideas of the five paragraphs in the reading. Write down the number of the paragraphs that represent each main idea.

_____ 小张的爸爸喜欢做的事。
_____ 我第一次去小张的家。
_____ 我的中国"父母"的历史。
_____ 小张的妈妈喜欢做的事。
_____ 我喜欢我的中国"爸爸、妈妈"。

二次阅读练习 Exercises After Second Reading

Read the story carefully this time. Then finish the exercises below.
一、根据课文内容,回答下列问题。(Answer the following questions based on the text.)
1. 小张家有没有她妈妈画的画儿?

2. 小张的妈妈是不是在北京上的大学?

3. 小张的爸爸会不会唱外国歌?

4. 教小张的妈妈画画儿的老师有名吗?

5. "我"觉得小张的妈妈做的饭好吃不好吃?

6. "我"每天都去小张家吃饭吗?

二、判断正误：如果句子不对，请改正。(Mark the following statements true or false based on the text. If it is false, correct it.)

1. _____ 小张的爸爸是北京人。
2. _____ 小张的爸爸爱看电影,也喜欢唱歌。
3. _____ "我"喜欢吃"我"的中国爸爸做的菜。
4. _____ 上大学的时候,小张的妈妈每个星期天都去老师家学画画儿。
5. _____ 在小张家,她妈妈做饭,她爸爸不做饭。
6. _____ "我"第一次去小张家,她妈妈做了很多好吃的菜。

三、词语搭配：在B组词中找出与A组词搭配的词或词组。(Collocation：find the proper words or phrases in column B to match those in column A.)

Column A
1. 告诉_____
2. 成了_____
3. 上 _____
4. 洗 _____
5. 看 _____
6. 来 _____
7. 做 _____
8. 画 _____

Column B
A. 澡
B. 大学
C. 菜
D. 我们家
E. 小张的妈妈
F. 电影
G. 画儿
H. 我的父母

完成快速略读及泛读,熟悉下列课文生词,精读课文。
After scanning and extensive reading, learn the following vocabulary before intensive reading.

 生词 New Words

1.	次	cì	m.	time
2.	张	Zhāng	n.	a surname
3.	家	jiā	n.	home; family
4.	以后	yǐhòu	n.	after; afterwards
5.	请	qǐng	v.	invite; ask
6.	妈妈	māma	n.	mother
7.	菜	cài	n.	vegetable; dish
8.	好吃	hǎochī	sv.	delicious; tasty
9.	非常	fēicháng	adv.	very; extremely
10.	高兴	gāoxìng	sv.	glad; happy
11.	告诉	gàosu	v.	tell; let know
12.	太	tài	adv.	very; quite
13.	这么	zhème	pron.	so; such
14.	要是	yàoshi	conj.	if
15.	可以	kěyǐ	v.	can; may
16.	来	lái	v.	come
17.	从	cóng	prep.	from
18.	开始	kāishǐ	v.	begin; start
19.	差不多	chàbuduō	adv.	almost
20.	星期	xīngqī	n.	week
21.	父母	fùmǔ	n.	parent
22.	快	kuài	sv.	quick; fast
23.	觉得	juéde	v.	think; feel

24. 这里	zhèlǐ	*pron.*	here
25. 跟……一样	gēn...yíyàng	*vp.*	the same as
26. 自己	zìjǐ	*pron.*	oneself
27. 里	lǐ	*n.*	in; inside; within
28. 爸爸	bàba	*n.*	father
29. 成了	chéng le		become
30. 学会	xuéhuì	*v.*	learn
31. 简单	jiǎndān	*sv.*	simple
32. 一些	yìxiē	*m.*	some; a few
33. 上学	shàng xué	*vo.*	go to school
34. 毕业	bìyè	*v.*	graduate; finish school
35. 一起	yìqǐ	*adv.*	together
36. 来到	láidào	*v.*	arrive; come to
37. 工作	gōngzuò	*v.*	work
38. 结婚	jié hūn	*vo.*	marry; get married
39. 画	huà	*v.*	paint; draw
40. 画儿	huàr	*n.*	painting; picture
41. 教	jiāo	*v.*	teach; instruct
42. 有名	yǒumíng	*sv.*	famous; well-known
43. 小学	xiǎoxué	*n.*	elementary school
44. 中学	zhōngxué	*n.*	middle school
45. 星期天	xīngqītiān	*n.*	Sunday
46. 早上	zǎoshang	*n.*	morning
47. 洗澡	xǐ zǎo	*vo.*	take a bath
48. 除了……也……	chúle...yě...	*conj.*	besides
49. 电影	diànyǐng	*n.*	film; movie
50. 讲	jiǎng	*v.*	tell; speak; say
51. 以前	yǐqián	*n.*	before
52. 生活	shēnghuó	*n.*	life

综合练习 Comprehensive Exercises

一、写出下列音节的声、韵母。(Write out the missing initials and finals.)

1. dì yī _____ ì   the first time   hǎo _____ ī   tasty
2. _____ ù   go   _____ ī   eat
3. xǐ _____ ǎo   take a bath   _____ āo wǒ   teach me
4. yì x _____   some   dà x _____   college
5. j _____ hūn   get married   j _____ de   feel
6. diàn y _____   movie   y _____ wei   because
7. shēng h _____   life   yǐ h _____   after
8. yì q _____   together   xīng q _____   week

二、给拼音加汉字或给汉字加拼音。(Write out characters for the *pinyin* and convert characters to *pinyin*.)

1. fēicháng   2. juéde   3. gāoxìng
4. fùmǔ   5. diànyǐng   6. shēnghuó
7. 自己   8. 一样   9. 家里
10. 上海   11. 毕业   12. 工作
13. 画画儿   14. 差不多   15. 以前

三、选择正确答案。(Choose the most appropriate answer for each of the sentences.)

1. 小王, 她是_____你画画儿的老师吗?
   A. 说   B. 教   C. 叫
2. 我们_____星期天都工作。
   A. 一个   B. 每天   C. 每个
3. 他们认识两个月_____, 就结婚了。
   A. 以前   B. 以后   C. 的时候
4. 同学们都_____他的日文非常好。
   A. 觉得   B. 认识   C. 喜欢

5. 我们现在的生活＿＿＿＿＿以前的生活不一样。
   A. 跟　　　　　B. 在　　　　　C. 从

6. 中国电影，外国电影，我们的老师＿＿＿＿＿爱看。
   A. 一起　　　　B. 都　　　　　C. 也

7. 山口＿＿＿＿＿我们明天去他家吃饭。
   A. 讲　　　　　B. 说　　　　　C. 请

8. ＿＿＿＿＿你们不喜欢上海，可以来北京。
   A. 要是　　　　B. 除了　　　　C. 因为

9. 除了中文，我＿＿＿＿＿会说日文。
   A. 很　　　　　B. 也　　　　　C. 常

10. 你＿＿＿＿＿我们老师叫什么名字吗？
    A. 知道　　　　B. 学会　　　　C. 觉得

四、组词成句。(Make sentences by using the following words.)

1. 认识　都　他妈妈　不　我们
2. 你　我也　小王　除了　喜欢
3. 你　觉得　太喜欢　我　唱歌　了
4. 成了　我们　好朋友　很快　就
5. 北京　这么多　没有　人　以前
6. 很有名　画画儿　教我　的　老师
7. 来　他们　中国　工作　明年
8. 每个　电影　他　都去　星期天　看

五、把所给词语填入适当位置。(Insert each of the given words into the appropriate position.)

1. 小张＿＿＿＿喜欢＿＿＿＿上海＿＿＿＿。（很）
2. 我＿＿＿＿要跟我朋友去＿＿＿＿看电影＿＿＿＿。（明天晚上）
3. ＿＿＿＿毕业＿＿＿＿，我们要去外国＿＿＿＿工作。（以后）
4. ＿＿＿＿我们＿＿＿＿不知道他要＿＿＿＿吃什么。（都）
5. 在日本的时候，＿＿＿＿我们常常＿＿＿＿做饭＿＿＿＿。（一起）
6. 他说他要＿＿＿＿王老师＿＿＿＿学习中国历史＿＿＿＿。（跟）

六、讨论与写作。(Discussion and writing.)

1. Introduce yourself to the class using the following information.（用下面的词语介绍你自己。）

叫；工作；认识；毕业；成了；结婚；喜欢；觉得；会；电影；做；知道；生活；星期；差不多；一起；要是；因为；除了……也……；跟……一样

2. Write down the oral introduction.（把上面的介绍写下来。）

TIPS OF THE LESSON 加油站

How many students are there in your school?
你们学校有多少个学生？

国家(guójiā; country)： 日本: Rìběn 韩国: Hánguó 英国: Yīngguó
　　　　　　　　　　　法国: Fǎguó 德国: Déguó   俄国: Éguó

语言(yǔyán; language)： 日文: Rìwén 韩文: Hánwén 法文: Fǎwén
　　　　　　　　　　　 德文: Déwén 俄文: éwén
　　　　　　　　　　　 西班牙文: Xībānyáwén

学校(xuéxiào; school)： 老师 (teacher): lǎoshī 学生 (student): xuésheng
　　　　　　　　　　 男生 (male student): nánshēng 女生 (female student): nǚshēng
　　　　　　　　　　 孩子 (child): háizi
　　　　　　　　　　 最 (the most): zuì

数字(shùzì; number)：

líng	yī	èr	sān	sì	wǔ	liù	qī	bā	jiǔ	shí
零	一	二	三	四	五	六	七	八	九	十
0	1	2	3	4	5	6	7	8	9	10

十一: shíyī　　　　　十二: shíèr　　　　　十三: shísān
二十: èrshí　　　　　二十一: èrshíyī　　　二十九: èrshíjiǔ
九十: jiǔshí　　　　　九十九: jiǔshíjiǔ　　　一百(100): yìbǎi
一百零一(101)　　　一百零二(102)　　　一百零九(109)
一百一十(110)　　　一百一十一(111)　　一百一十二(112)
一百二十(120)　　　一百二十一(121)　　一百二十二(122)
二百(200)　　　　　三百(300)　　　　　一千(1000): yìqiān

Exercises on tips of the lesson（练习）

The following table contains information about three high schools in China. Quickly read through it for answering the questions below. Do not try to read it literally.（下面的表格包括中国三个高中的信息，读后请回答以下的问题。）

年	中学名称	学生人数	男生	女生	姓王的学生	姓李的学生	姓张的学生	老师人数	你最喜欢的中学
1950	上海中学	183	90	93	21	33	29	22	
	北京中学	216	121	95	42	30	38	21	
	南京中学	158	74	84	26	27	23	15	
1980	上海中学	265	135	130	40	32	28	30	
	北京中学	309	147	162	38	30	29	29	
	南京中学	212	106	106	19	26	30	20	
2000	上海中学	280	142	138	24	31	27	27	
	北京中学	260	136	124	20	29	36	27	
	南京中学	187	98	89	19	25	26	26	

1. Fill in the following blanks using Chinese Characters.（用汉字填空）

1）1980年北京中学一共有＿＿＿＿＿＿＿＿＿＿＿＿个学生。

2）2000年上海中学有＿＿＿＿＿＿＿＿＿＿＿＿个学生姓王。

3）1980年南京中学有＿＿＿＿＿＿＿＿＿＿＿＿个姓李的学生。

4）2000年＿＿＿＿＿＿＿＿＿＿＿＿姓张的学生最多。

5）1950年＿＿＿＿＿＿＿＿＿＿＿＿的学生人数最少。

6）1980年北京中学的＿＿＿＿＿＿＿＿＿＿＿＿最多。

7）2000年南京中学有＿＿＿＿＿＿＿＿＿＿＿＿个老师。

8）1950年＿＿＿＿＿＿＿＿＿＿＿＿中学男生多，女生少。

9）1980年上海中学姓＿＿＿＿＿＿＿＿＿＿＿＿的最多。

10）2000年上海中学有＿＿＿＿＿＿＿＿＿＿＿＿个男生。

2. In the last column, write down your favorite school and state your reasons here.（在最右边的栏中写下你最喜欢的中学，并陈述你的理由。）

3. Answer the following questions. Write short answers.（回答下面的问题，写下简短的回答。）

1）你觉得1980年最好的中学是＿＿＿＿＿＿。为什么？

2）要是你有孩子，你要你的孩子上哪个中学？为什么？

第二课
CHAPTER TWO

 读前练习 Exercises Before You Read

Introduce your family to your classmates with the following information: number of family members; family members; their birthday and birth place; hobbies and dislikes, etc.

1 我的中国家

现在我回到英国来上学了。爷爷、奶奶都很高兴,我妈妈的哥哥、妹妹和他们的孩子也都来看我。我现在才知道,原来我在英国有这么多亲戚。

我爸爸、妈妈现在还住在中国。我在中国的家里还有一个弟弟。他们都住在北京。妈妈说,她是十九年以前认识爸爸的。那时候,妈妈在北京大学教英文,爸爸在中国的另一所大学里教书。他们是在新年晚会上认识的。妈妈说,从那以后,爸爸常给她打电话,请她吃饭,后来他们就结婚了。

我是在北京出生的,虽然我是个英国女孩,可是我从小就说中文,要是你给我打电话,你一定不会知道我是外国人。我是在中国上的小学,第一次来英国的时候,我不会说很多英文,爷爷、奶奶不懂我的意思,他们只是看着我笑,我觉得很不好意思。

后来,爸爸、妈妈开始教我和弟弟英文。现在,我们的英文跟中文一样好了。妈妈让我来英国读书,我非常想念我在中国的朋友,每个星期我都给他们写电子邮件。我告诉我的朋友们,大学毕业以后,我希望能回中国工作。

我爸爸、妈妈在中国生活了差不多二十年了。他们已经是"中国人"了。在英国,说到家,我就想到中国,想到我在中国的家。

快速略读练习 Scanning Reading Exercises

Read the sentences below. Then quickly look through the reading 我的中国家 to find the answers. Do not try to read every word. Pay attention to the contexts relevant to the questions only.

1. 我爸爸、妈妈现在住在_____。
2. 我是在_____出生的。
3. 我每个星期都给我的中国朋友_____。
4. 我父母在中国生活了差不多_____年了。

首次阅读练习 Exercises After First Reading

Now read the story again for the main idea. Do the exercise after reading.

排列事件顺序 Sequence Exercise

Put the following events in order according to first reading.

_____ 我出生在北京。
_____ 我回到英国来上学。
_____ 爸爸、妈妈开始教我和弟弟英文。
_____ 我的亲戚都来看我。
_____ 爸爸在晚会上认识了妈妈。
_____ 我第一次回英国。

二次阅读练习 Exercises After Second Reading

Read the story carefully this time. Then finish the exercises below.

一、根据课文内容，回答下列问题。(Answer the following questions based on the text.)

1. 我妈妈有没有妹妹？

2. 我爸爸是哪国人？

3. 我是在哪儿上的小学？

4. 以前我知道不知道我在英国有很多亲戚？

5. 我弟弟现在也住在英国吗？

6. 我觉得我的家在哪儿？

二、判断正误：如果句子不对，请改正。(Mark the following statements true or false based on the text. If it is false, correct it.)

1. _____ 我爷爷、奶奶都住在英国。
2. _____ 我爸爸、妈妈是十九年以前在英国认识的。
3. _____ 我爸爸以前在北京大学教英文。
4. _____ 毕业以后，我要在英国工作。
5. _____ 我每个星期都给我的朋友打电话。

三、词语搭配：在B组词中找出与A组词搭配的词或词组。（Collocation：find the proper words or phrases in column B to match those in column A.）

Column A

1. 想念_____
2. 回到_____
3. 打_____
4. 亲戚_____
5. 写_____
6. 住在_____
7. 一所_____
8. 从_____

Column B

A. 电子邮件
B. 那以后
C. 英国
D. 电话
E. 很多
F. 朋友
G. 中国
H. 大学

完成快速略读及泛读，熟悉下列课文生词，精读课文。

After scanning and extensive reading, learn the following vocabulary before intensive reading.

生词 New Words

1. 回	huí	v.	go back; return
2. 到……来	dào...lái	vp.	come to
3. 爷爷	yéye	n.	grandfather
4. 奶奶	nǎinai	n.	grandmother
5. 哥哥	gēge	n.	elder brother
6. 妹妹	mèimei	n.	younger sister
7. 孩子	háizi	n.	child
8. 才	cái	adv.	just; only
9. 原来	yuánlái	adv.	turn out to be; originally
10. 亲戚	qīnqi	n.	relative; kinsman
11. 还	hái	adv.	still
12. 住	zhù	v.	live; dwell

13. 弟弟	dìdi	sv.	younger brother
14. 另	lìng	pron.	other; another
15. 所	suǒ	m.	measure word
16. 教书	jiāo shū	vo.	teach
17. 新年	xīnnián	n.	New Year
18. 晚会	wǎnhuì	n.	evening party
19. 打电话	dǎ diànhuà	vo.	call; phone
20. 后来	hòulái	n.	afterwards; later
21. 出生	chūshēng	v.	be born
22. 虽然	suīrán	conj.	although; though
23. 女	nǚ	n.	female
24. 可是	kěshì	conj.	but
25. 从小	cóngxiǎo	adv.	from childhood; as a child
26. 一定	yídìng	adv.	surely; certainly
27. 懂	dǒng	v.	understand
28. 意思	yìsi	n.	meaning
29. 只是	zhǐshì	adv.	only; merely
30. 笑	xiào	v.	smile; laugh
31. 不好意思	bùhǎoyìsi	ie.	feel embarrassed
32. 让	ràng	v.	let; allow
33. 读书	dú shū	vo.	read; study
34. 想念	xiǎngniàn	v.	miss
35. 写	xiě	v.	write
36. 电子邮件	diànzǐ yóujiàn		e-mail
37. 希望	xīwàng	v.	hope; wish
38. 已经	yǐjīng	adv.	already
39. 说到	shuōdào	v.	talk; mention
40. 想到	xiǎngdào	v.	think of

综合练习 Comprehensive Exercises

一、写出下列音节的声、韵母。(Write out the missing initials or finals.)

1. k_____ shǐ	begin	k_____ shì	but
2. _____ù	live; reside	_____ù	go
3. _____ū shēng	be born	jiāo _____ū	teach
4. x_____	write	x_____	smile
5. r_____	let	suī r_____	although
6. h_____	return	h_____	still
7. q_____ qi	relative	x_____ qī	week
8. xiǎng n_____	miss	yóu j_____	mail

二、给拼音加汉字或给汉字加拼音。(Write out characters for the *pinyin* and convert characters to *pinyin*.)

1. bàba
2. gēge
3. jiéhūn
4. māma
5. yéye
6. jiāoshū
7. wǎnhuì
8. yìsi
9. yǐjīng
10. diànhuà
11. dìdi
12. yídìng
13. 想念
14. 邮件
15. 开始
16. 出生
17. 后来
18. 亲戚
19. 笑
20. 懂
21. 原来

三、选择正确答案。(Choose the most appropriate answer for each of the sentences.)

1. 他的孩子都在北京_____学。
   A. 去   B. 到   C. 上

2. 他妈妈每天晚上_____他打电话。
   A. 给   B. 都   C. 到

3. 他们是在晚会_____认识的。
   A. 里   B. 上   C. 时候

4. _____那天开始,他就不喜欢我了。

    A. 以后   B. 从   C. 在

5. 明天我_____你吃中国饭。

    A. 请   B. 想   C. 觉得

6. 虽然他是外国人,_____他的中文非常好。

    A. 可以   B. 可是   C. 只是

7. 那个女孩_____会说英文。

    A. 一样   B. 一定   C. 一次

8. 我是上海人,毕业以后,我要_____上海工作。

    A. 会   B. 回   C. 还

四、完成下列对话。(Complete the following dialogue.)

A:小王,_____?
B:今天晚上我要去看爷爷、奶奶,不能去看电影。
A:什么?_____?
B:我爷爷现在不在日本教书了。两个月以前他就回中国来了。
A:你奶奶_____?
B:她也回来了。
A:她现在_____?
B:还写。她每天都要写一点儿,写小说就是她的生活。

五、组词成句。(Make sentences by using the following words.)

1. 教书 李老师 大学里 在 一所
2. 要跟 那个女孩 结婚 他 明年
3. 以后 工作 毕业 我想 去英国
4. 打电话 她 给 晚上 一定要 你
5. 我 认识 她 的 是 在中国
6. 还 小马 吗 现在 住在 中国

六、讨论与写作。(Discussion and writing.)

1. Introduce your family to the class. You may want to include the following information:(用下面的词语介绍你的家庭。)

父母;孩子;男/女;亲戚;在;住在;出生;生活;工作;读书;上学;打电话;写电子邮件;想念;晚会;新年;笑;毕业;让;希望;后来;已经;不好意思;虽然……可是……

2. Write down the oral introduction.（把上面的介绍写下来。）

 读前练习 Exercises Before You Read

Introduce one of your teachers to a classmate or friend with the following information: his/her last name; given name; his/her family; hobbies; Others' comments on her and reasons, etc.

2　老师的生日

　　李老师是我们的中文老师,她今年四十多岁,是我到中国以后认识的第一位老师。我们刚到中国的时候,很多同学都很想家。李老师就常常请同学们去她家,跟她家人一起吃饭,喝茶,说中文。很快,我们就习惯这里的生活了。这个星期五是李老师的生日,我们想买一件生日礼物给她。可是买什么呢?大家想了半天,还是不能决定买什么好。小李说可以买一点儿好吃的水果。她说,在韩

国,朋友过生日的时候,人们喜欢送很贵的水果。大张是德国人,他说,在德国,有人过生日的时候,大家都喜欢送花;而且,我们的老师是女的,她一定喜欢好看的花。小马说大张的话很对,因为在美国,大家也都喜欢买花送给朋友。可是小林说,学生送老师花不一定好,他觉得要是买一瓶很好的法国酒给老师,老师一定喜欢,因为李老师喜欢喝外国酒。山口先生说,买酒不

好,在日本,大家常常送老师很好的茶或者巧克力。李老师每天都喝茶,我们应该买一点儿好茶送她。

最后,小王说,你们的想法都很好。可是,现在是在中国,我们应该先知道中国人喜欢什么礼物,应该送什么礼物,不应该送什么礼物。明天我问问我的朋友小文,她是中国人,她也许知道买什么好。

快速略读练习 Scanning Reading Exercises

Read the sentences below. Then quickly look through the reading 老师的生日 to find the answers. Do not try to read every word. Pay attention to the contexts relevant to the questions only.

1. 我们的中文老师姓_____。
2. 这个星期五是_____的生日。
3. 在德国,有人过生日的时候,大家喜欢送_____。
4. 在日本,大家常常送老师茶或者_____。

1 首次阅读练习 Exercises After First Reading

Now read the story again for the main idea. Do the exercise after reading.

找出段落大意 Figure out Main Ideas

There are three paragraphs in the reading. The main ideas for the first and third paragraphs are given. Write down the main idea for the second paragraph.

1. 李老师很喜欢帮助学生。
2. _____
3. 小王觉得我们应该先知道中国人喜欢什么礼物。

二次阅读练习 Exercises after Second reading

Read the story carefully this time. Then finish the exercises below.

一、根据课文内容,回答下列问题。(Answer the following questions based on the text.)

1. 我们刚到中国的时候,李老师为什么请同学们去她家?

2. 小李是韩国人,她觉得应该送老师什么?

3. 小林是法国人,他觉得应该送老师什么? 为什么?

4. 李老师喜欢不喜欢喝茶?

5. 小马是美国人,她觉得应该给老师买什么?

6. 小王有没有中国朋友?

7. 最后,大家决定买什么了吗? 为什么?

8. 你觉得同学们喜欢不喜欢李老师? 为什么?

二、判断正误:如果句子不对,请改正。(Mark the following statements true or false based on the text. If it is false, correct it.)

1. _____ 李老师今年四十岁。
2. _____ 我和同学们都已经习惯中国的生活了。
3. _____ 李老师是"我"到中国以后认识的第一位男老师。
4. _____ 小林知道李老师爱喝外国酒。
5. _____ 山口先生觉得应该送老师巧克力。
6. _____ 这个星期五是李老师的生日,我们想买件礼物给她。

三、词语搭配：在B组词中找出与A组词搭配的词或词组。(Collocation: find the proper words or phrases in column B to match those in column A.)

Column A
1. 想 _____
2. 喝 _____
3. 买 _____
4. 过 _____
5. 问 _____
6. 花 _____
7. 想法 _____
8. 水果 _____

Column B
A. 不错
B. 礼物
C. 很贵
D. 好看
E. 老师
F. 生日
G. 家
H. 茶

完成快速略读及泛读，熟悉下列课文生词，精读课文。
After scanning and extensive reading, learn the following vocabulary before intensive reading.

生词 New Words

1. 生日	shēngri	n.	birthday
2. 到	dào	v.	arrive
3. 位	wèi	m.	measure word
4. 刚	gāng	adv.	just; only a short while ago
5. 想	xiǎng	v.	miss; think
6. 跟	gēn	cv.	with; and; follow
7. 茶	chá	n.	tea
8. 习惯	xíguàn	v./n.	be used to; habit
9. 星期五	xīngqīwǔ	n.	Friday
10. 买	mǎi	v.	buy; purchase
11. 件	jiàn	m.	piece
12. 礼物	lǐwù	n.	gift; present

28

#	汉字	Pinyin	词性	English
13.	大家	dàjiā	pron.	everybody
14.	半	bàn	num.	half
15.	决定	juédìng	v./n.	decide; decision
16.	水果	shuǐguǒ	n.	fruit
17.	过	guò	v.	pass; celebrate
18.	送	sòng	v.	give (as a gift); deliver
19.	贵	guì	sv.	expensive; costly
20.	花	huā	n.	flower
21.	而且	érqiě	conj.	and
22.	话	huà	n.	words
23.	对	duì	sv.	correct; right
24.	送给	sònggěi	vp.	give (as a gift)
25.	不一定	bù yídìng		not sure
26.	瓶	píng	m.	bottle
27.	因为	yīnwèi	conj.	because; since
28.	或者	huòzhě	conj.	or; either...or...
29.	巧克力	qiǎokèlì	n.	chocolate
30.	应该	yīnggāi	v.	should; ought to
31.	最后	zuìhòu	n.	last; in the end
32.	想法	xiǎngfǎ	n.	idea; opinion
33.	先	xiān	adv.	first; in advance
34.	也许	yěxǔ	adv.	perhaps; maybe

专有名词 Proper Nouns

韩国	Hánguó	pn.	Korea
德国	Déguó	pn.	Germany

综合练习 Comprehensive Exercises

一、写出下列音节的声、韵母。(Write out the missing initials and finals.)

1. hē _____á   drink tea   dà _____iā   everybody; all
2. k_____ yǐ   can; may   shuǐ g_____   fruit
3. _____óng   from   _____òng   give (as a present)
4. g_____   give   g_____   expensive
5. _____uā   flower   xiǎng _____ǎ   idea; opinion
6. yě _____ǔ   perhaps   kāi _____ǐ   begin
7. _____uì hòu   in the end   _____uì   correct; right
8. xí g_____   habit   xǐ h_____   like

二、给拼音加汉字或给汉字加拼音。(Write out characters for the *pinyin* and convert characters to *pinyin*.)

1. shēngri   2. juédìng   3. chá
4. mǎi   5. shuǐguǒ   6. yěxǔ
7. 礼物   8. 或者   9. 送
10. 习惯   11. 刚   12. 韩国
13. 贵   14. 最后   15. 而且

三、选择正确答案。(Choose the most appropriate answer for each of the sentences.)

1. 我今年_____。
   A. 是二十岁   B. 二十岁多   C. 二十多岁
2. 小王每天跟他女朋友_____。
   A. 读书一起   B. 一起读书   C. 读书在一起
3. 小文很喜欢吃巧克力,我应该_____。
   A. 买她巧克力   B. 买巧克力她   C. 送她巧克力
4. _____吃饭,吃饭以后才能去看电影。
   A. 你们要先   B. 先你们要   C. 先你们

5. 小李_____中国以后，认识了很多朋友。
   A. 在　　　　　　　B. 到　　　　　　　C. 从

6. 我想买一_____法国酒。
   A. 瓶　　　　　　　B. 位　　　　　　　C. 件

7. 我想了半天，_____不知道应该不应该请他。
   A. 常常　　　　　　B. 也许　　　　　　C. 还是

8. 小林，你哪天_____生日。
   A. 在　　　　　　　B. 是　　　　　　　C. 过

9. 我喜欢喝茶，我的同学们_____喜欢喝茶。
   A. 也都　　　　　　B. 都也　　　　　　C. 也许

10. 现在他还不能决定_____。
    A. 买什么　　　　　B. 什么买　　　　　C. 什么买好

四、组词成句。(Make sentences by using the following words.)

1. 可以　水果　他父母　送给　一些　你
2. 茶　送　我　的　很贵　我哥哥
3. 觉得　大家　书　送　都　不好
4. 一定　喝酒　喜欢　小王　她说　不
5. 他　应该　礼物　什么　知道　买
6. 还是　吃　不习惯　中国饭　每天　他

五、把所给词语填入适当位置。(Insert each of the given words into the appropriate position.)

1. _____她_____知道_____小王的名字。（不一定）
2. 明天_____是_____他的四十岁生日_____。（也许）
3. _____他问我们_____想买_____。（什么）
4. 你为什么不喜欢他？_____他人很好，_____也_____很好看。（而且）
5. 他说他要_____给我写_____电子邮件_____。（每天）
6. _____你_____告诉我_____你想喝什么吗？（可以）

六、读表格。(Reading table.)

The following table contains information about Xiao Wang's family. Try to guess the meaning of the words you do not know while you read. Do the exercise of the table.(下面的表格介绍了小王的家庭,请做以下的练习。)

家庭成员	年龄	喜欢做的事	会说的语言
爷爷	68 岁	听音乐;看中文报	中文;日文
奶奶	66 岁	看电视;买礼物	中文
爸爸	46 岁	唱歌;喝酒;看电影	中文;日文
妈妈	45 岁	画画儿;做饭;喝茶	中文;德文
哥哥(老大)	22 岁	吃日本饭;看小说	中文;英文
弟弟	6 岁	看电视	中文
姐姐(老二)	19 岁	看书;吃法国菜	中文;英文;法文
妹妹	15 岁	用电脑;给朋友打电话	中文;英文
小王(老三)	17 岁	看电影;做饭;读书	中文;英文

Mark the following statements true or false.(判断正误)

1. _____ 小王的爷爷明年68岁。

2. _____ 小王的父母有四个孩子。

3. _____ 在小王家,他哥哥是老大,弟弟是老四。

4. _____ 在小王家,只有奶奶不会说外国话。

5. _____ 小王有两个妹妹,大妹妹今年15岁,小妹妹今年6岁。

6. _____ 小王的父母都喜欢喝酒。

7. _____ 小王的哥哥喜欢吃日本饭,可是不会说日文。

8. _____ 小王家有四个人会说英文。

七、讨论与写作。(Discussion and writing.)

1. Pair work:Ask one of your classmates questions regarding his/her family. Make some notes when you listen and introduce his/her family to the class afterwards. You may want to start your introduction with the following sentences:(请你的同学说说他的家庭。听完后,你给大家介绍一下他的家庭。)

这位是我的同学张文。张文家有四口(kou, measure word)人,两个大人,两个孩子。两个大人是:……,孩子是:……

2. Based on the information provided in the table above, write a paragraph in Chinese introducing Xiao Wang's family.(根据上面表格中的信息,用中文写一

段话,介绍一下小王的家庭。)

 TIPS OF THE LESSON 加油站

Today is Monday, May 3, 2004
今天是2004年5月3日,星期一

年 (nián):前年/去年/今年/明年/后年

月 (yuè):上上个月/上个月/这个月/下个月/下下个月

星期 (xīngqī):上上个星期/上个星期/这个星期/下个星期/下下个星期

天 (tiān):前天/昨天/今天/明天/后天

今天 (jīntiān):早上/上午/中午/下午/晚上

点/分 (diǎn/fēn):四点 four o'clock 四点十分 four ten

    十点三十分:ten thirty   十一点四十分:eleven forty

    一点:one o'clock   一点零(líng)五分:five past one (o'clock)

小时/分钟(xiǎoshí/fēnzhōng):十分钟:ten minutes 一个小时:a hour

    一个半小时:one and a half hour

    两小时十五分钟:two hours and fifteen minutes

几(jǐ)/多少(duōshao):几个:how many   多少年:how many years

多久(duōjiǔ):how long

    一年:a year   一天:a day

    一个星期:a week   一个月:a month

钱(qián:money):块:kuài   毛:máo   分:fēn

¥0.99:九毛九   ¥1.08:一块零八(分)

¥3.50:三块五   ¥16.30:十六块三(毛)

¥29.99:二十九块九毛九   ¥106.25:一百零六块两毛五(分)

多少钱:how much (money)

Exercises on tips of the lesson（练习）

1. Complete the dialogue according to the pictures.（根据下图完成对话）

A：北京现在几点？　　　　B：_____

A：东京（Tokyo）几点？　　B：_____

A：纽约（New York）几点？ B：_____

A：伦敦（London）几点？　 B：_____

A：巴黎（Paris）几点？　　 B：_____

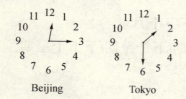

Beijing　　Tokyo　　New York　　London　　Paris

2. 今天是2001年5月3日，星期三。

请问：1）明天是几月几日，星期几？后天呢？

　　　2）上个星期三是几月几日？下个星期一是几月几日？

　　　3）下个月是几月？上个月呢？

　　　4）去年是哪一年？前年呢？

3. Please write down your daily schedule in the following table and talk about it with your partner in class（请把你一天的安排填在下面表格中，上课的时候请跟你的同学谈谈你一天的活动）.

一天做的事 example：洗澡						
什么时候做？ example：11:30pm						
做多久？ example：15 minutes						

34

第三课
CHAPTER THREE

 读前练习 Exercises Before You Read

Introduce your roommate or one of your classmates to your friend, include the following information about him/her: his/her name and country of origin; his/her age; things he/she likes to do; the time you first met each other; things you often do together, etc.

1. 我的同屋

从小到大,我有过很多同屋。可是他是我的第一个外国同屋。去年六月的一天,我走进宿舍的时候,他正在看书。看到我,他很高兴,马上站起来,自我介绍说:"我叫钱明,是美国人,你就叫我小钱吧。"他个子很高,有一点儿瘦,说话的声音很好听,中文也很不错。我也自我介绍说:"我是上海人,姓林,叫子同。孩子的子,同学的同。以后你可以叫我小林。"

小钱说这是他第一次来中国。今年夏天,他要在北京学两个半月的中文,也想用这个机会看看中国,以后他还想来中国工作呢。

从六月到八月,我都是小钱的同屋。我们在一起的时候,常常说中文,有时候,他累了,我们也说一会儿英文。小钱很用功。在我的同学里,我用功是有名的,因为我晚上念书,常常念到十二点或者一点。可是,小钱每天晚上要念到两三点。

小钱做事很像中国人。七月的一天,我父母来北京玩儿,请小钱跟我们一起吃饭,可是小钱一定也要请他们。我们四个人,他点了六个菜。我告诉他,四个人,点四个菜就可以了。他说:"四个菜不行。请人吃饭一定得多点一些,要是吃不完,我们可以带回去。"吃饭的时候,小钱一会儿给我父母倒茶,一会儿让他们多吃,真是忙极了。我父母说:"要是小钱没有黄头发,就真是中国人了。"

在这两个多月里,我跟小钱常常一起吃饭,一起去玩儿,小钱成了我最好的外国朋友。

现在,小钱在美国,我在中国。我们常常在电脑上聊天。昨天,小钱告诉我,毕业以后,他要在美国一家很大的电脑公司工作。他还说,这个公司在北京也有分公司,他以后也许有机会来北京工作。我真为小钱高兴。我也告诉小钱,我很快要去美国念书了,我希望不久能在美国跟他见面,一起去吃他最喜欢吃的羊肉。

快速略读练习 Scanning Reading Exercises

Read the sentences below. Then quickly look through the reading 我的同屋 to find the answers. Do not try to read every word. Pay attention to the contexts relevant to the questions only.

1. 钱明是哪国人? _____
2. 林子同是不是北京人? _____
3. 从六月到_____,我都是小钱的同屋。
4. 我们四个人吃饭,小钱点了_____菜。

首次阅读练习 Exercises After First Reading

Now read the story again for the main idea. Do the exercise after reading.

排列事件顺序 Sequence Exercise

Put the following events in the order that they appear in the reading.

_____ 小钱念书很用功。

_____ 小钱回美国了。
_____ 我第一次走进宿舍的时候,小钱正在看书。
_____ 小钱请我父母吃饭。
_____ 我很快要去美国念书了。

2 二次阅读练习 Exercises After Second Reading

Read the story carefully this time. Then finish the exercises below.

一、根据课文内容,回答下列问题。(Answer the following questions based on the text.)

1. 小钱是不是小林的第一个同屋?

2. 小林觉得小钱的中文好不好?

3. 小钱以后想在哪儿工作?

4. 小钱晚上念不念书?小林呢?

5. 小林的父母觉得小钱怎么样?

6. 小钱最喜欢吃什么?

二、判断正误:如果句子不对,请改正。(Mark the following statements true or false based on the text. If it is false, correct it.)

1. _____ 我的同学都觉得我很用功。
2. _____ 我第一次跟小钱见面是去年六月。
3. _____ 小钱很高,也非常瘦。
4. _____ 两年以前,小钱来过中国。
5. _____ 我跟小钱在一起的时候,常说英文,不常说中文。
6. _____ 小钱没有黄头发。

三、词语搭配：在B组词中找出与A组词搭配的词或词组。(Collocation: find the proper words or phrases in column B to match those in column A.)

Column A
1. 站 _____
2. 有 _____
3. 见 _____
4. 点 _____
5. 倒 _____
6. 电脑 _____
7. 个子 _____
8. 声音 _____

Column B
A. 高
B. 菜
C. 好听
D. 机会
E. 公司
F. 面
G. 茶
H. 起来

完成快速略读及泛读，熟悉下列课文生词，精读课文。
After scanning and extensive reading, learn the following vocabulary before intensive reading.

生词 New Words

1. V-过	guo	suffix.	(experiential aspect marker)
2. 同屋	tóngwū	n.	roommate
3. 去年	qùnián	n.	last year
4. 走	zǒu	n.	walk
5. 进	jìn	n.	enter
6. 宿舍	sùshè	n.	dormitory
7. 正在	zhèngzài	adv.	in process of
8. 看到	kàndào	v.	see
9. 马上	mǎshàng	adv.	immediately; right away
10. 站	zhàn	v.	stand
11. 起来	qǐlái	v.	up
12. 自我介绍	zìwǒ jièshào	v.	self introduction

13. 个子	gèzi	n.	height; stature
14. 高	gāo	sv.	tall; high
15. 瘦	shòu	sv.	thin
16. 声音	shēngyīn	n.	sound; voice
17. 好听	hǎotīng	sv.	pleasant to hear
18. 夏天	xiàtiān	n.	summer
19. 机会	jīhuì	n.	opportunity; chance
20. 有时候	yǒushíhou	adv.	sometimes
21. 累	lèi	sv.	tired
22. 一会儿	yíhuìr	n.	in a moment; for a while
23. 用功	yònggōng	sv.	diligent; hardworking
24. 念书	niàn shū	vo.	study
25. 做事	zuò shì	vo.	act; handle affairs
26. 点	diǎn	v.	order (dishes)
27. 像	xiàng	v.	like; resemble
28. 玩儿	wánr	v.	play; have fun
29. 行	xíng	sv.	all right
30. 礼貌	lǐmào	n.	manner; courtesy
31. 吃不完	chī bu wán	vp.	can not finish the food
32. 带	dài	v.	bring; carry
33. 倒	dào	v.	pour
34. 真	zhēn	adv.	really; truly
35. 一极了	jíle	adv.	extremely
36. 黄	huáng	sv.	yellow
37. 头发	tóufa	n.	hair
38. 电脑	diànnǎo	n.	computer
39. 聊天	liáo tiān	vo.	chat
40. 昨天	zuótiān	n.	yesterday
41. 家	jiā	m.	measure word
42. 公司	gōngsī	n.	company
43. 为	wèi	prep.	for

44. 不久	bùjiǔ	n.	before long; soon
45. 跟……见面	gēn...jiàn miàn	vp.	meet
46. 羊肉	yángròu	n.	mutton

专有名词 Proper Nouns

| 钱明 | Qián Míng | pn. | Qian Ming |

综合练习 Comprehensive Exercises

一、写出下列音节的声、韵母。(Write out the missing initials and finals.)

1. sù sh_____ dormitory   zuò sh_____ handle affairs; act
2. d_____ have to   d_____ carry; take
3. _____òu thin   yáng _____òu mutton
4. _____iàn miàn meet   _____àn stand
5. y_____ gōng hardworking   y_____ míng famous
6. j_____ huì opportunity   j_____ hūn get married
7. t_____ fa hair   t_____ wū roommate
8. gōng _____ī company   _____ī wàng hope; wish

二、给拼音加汉字或给汉字加拼音。(Write out characters for the *pinyin* and convert characters to *pinyin*.)

1. mǎshàng   2. jièshào   3. tóngwū
4. hěn máng   5. jīhuì   6. tóufa
7. yǒumíng   8. diànnǎo   9. jiànmiàn
10. yòng gōng   11. dào chá   12. niàn shū
13. 聊天   14. 羊肉   15. 希望
16. 点菜   17. 瘦   18. 声音
19. 宿舍   20. 站   21. 起来

三、选择正确答案。(Choose the most appropriate answer for each of the sentences.)

1. 小马,你今天一定要_____吗?
   A. 见面他　　　B. 见面跟他　　　C. 跟他见面
2. 他要在这里学_____的法文。
   A. 三个月半　　B. 三个半月　　　C. 三月半
3. 那时候,小王和小李常_____一起玩儿。
   A. 是　　　　　B. 在　　　　　　C. 跟
4. 现在,我们都不想读书了,我们想看_____电视。
   A. 一会儿　　　B. 一些　　　　　C. 一起
5. 你们_____叫我小马。
   A. 行　　　　　B. 都可以　　　　C. 都行
6. 我非常高兴,因为老师说我的中文_____。
   A. 极了　　　　B. 好极了　　　　C. 很好极了
7. 我今天_____累,你累不累?
   A. 一点儿　　　B. 也一点儿　　　C. 有一点儿
8. 小文很瘦,她应该_____。
   A. 吃多　　　　B. 多吃　　　　　C. 很多吃

四、把所给词语填入适当位置。(Insert each of the given words into the appropriate position.)

1. 要是我是你,_____我_____不_____告诉他。(就)
2. 我奶奶不会说英文,_____我弟弟_____不会说英文_____。(也)
3. 我爸爸现在_____在_____一家电脑公司_____。(工作)
4. 同学们都说_____大张的声音_____跟我的声音_____。(很像)
5. 你可以不可以_____自我_____一下_____。(介绍)
6. 你明天请他吃饭,要_____多_____一些_____菜。(点)

五、组词成句。(Make sentences by using the following words.)

1. 有　我　机会　以后　去中国　一定
2. 的　做　我妈妈　喜欢吃　我　羊肉
3. 个子　他哥哥　高　很　我觉得　真是

4. 用到 常常 他 晚上十二点 用电脑

5. 菜 极了 我们 多 吃不完

6. 茶 请你 一点儿 倒 给他们

六、讨论与写作。(Discussion and writing.)

1. Introduce your roommate or one of your friends to the class using the following expressions.（用下面的词语介绍你的同屋或朋友。）

见面；同屋；宿舍；一起；个子；声音；头发；出生；学习；念书；用功；做事；玩儿；聊天；工作；希望；有机会；忙；累；一会儿……一会儿……

2. Write down the oral introduction.（把上面的介绍写下来。）

 读前练习 Exercises Before You Read

Introduce a city you visited to one of your classmates or friends with the following information：the location of the city；your impression；its characteristics；its people, food, history, etc.

2. 我看北京

我来北京差不多两个月了。在这两个月里，我认识了很多人，交了不少朋友，也看到了很多有意思的事情，现在我越来越喜欢这里的生活了。

北京是一个大城市，人非常多。北京人喜欢骑自行车，有很多人每天骑自行车去上班、上学。现在，我的很多同学也都买了自行车，大家每天骑车去上课，很方便。

北京有很多市场。这些市场有的大，有的小；有的在大楼里，也有的就在路边。我们学校附近有两个市场，市场上卖很多种东西。有卖菜的，有卖书的，也有卖衣服的、卖电脑的。星期六，我常常跟朋友到市场上去看看，买一点东西。这里的东西不错，也很便宜。

北京人很喜欢学外语，练习外语。每天早晨，有很多人在公园、路边练习说英文或者别的外文。他们有的自己一个人大声读,有的跟朋友一起练习。有时候,看到西方人,他们就用英文跟你说话。

北京的出租车司机很热情。很多司机都会说一点英文,有的说得很不错。在出租车上,司机很喜欢跟你说话。他们知道的事情很多,他们的想法也很有意思。我每次到城里去,都喜欢坐出租车。坐出租车不太贵,而且我还可以跟司机练习中文。

北京的历史很长,它是一个很古老的城市,有很多有名的地方。北京也是一个很现代的城市,这里有很多高楼,也有很多外国公司、银行和有名的饭馆。在北京,你可以吃到很多国家的饭,买到很多外国的东西。你也可以认识各种各样的人。北京是一个很特别的地方,它让你想着过去,生活在现在,也看到将来。我喜欢北京,喜欢北京的生活。

快速略读练习 Scanning Reading Exercises

Read the sentences below. Then quickly look through the reading 我看北京 to find the answers. Do not try to read every word. Pay attention to the contexts relevant to the questions only.

1. 我来北京差不多_____了。
2. 有很多北京人骑_____去上班、上学。
3. _____,我常常跟朋友到市场上去看看。
4. 我们学校附近有_____个市场。

首次阅读练习 Exercises After First Reading

Now read the story again for the main idea. Do the exercise after reading.

辨识段落大意 Identify Main Ideas

The following are the main ideas of the six paragraphs in the reading. Write down the number of the paragraphs that represent each main idea.

_____ 北京人很喜欢学外国话。

_____ 北京的出租车司机很热情。
_____ 北京是一个很特别的地方,我喜欢北京的生活。
_____ 我来北京差不多两个月了。
_____ 北京人喜欢骑自行车。
_____ 北京的市场很多。

二次阅读练习 Exercises After Second Reading

Read the story carefully this time. Then finish the exercises below.

一、根据课文内容,回答下列问题。(Answer the following questions based on the text.)

1. 为什么"我"的很多同学都买了自行车?

2. 学校附近的那些市场上有没有卖书的?

3. 市场上的东西贵不贵?

4. 每天早上,北京人喜欢在什么地方练习外语?

5. 在北京可以买到外国的东西吗?

6. 北京的出租车司机怎么样?

7. "我"为什么喜欢坐出租车?

8. 为什么"我"喜欢北京,喜欢北京的生活?

二、判断正误:如果句子不对,请改正。(Mark the following statements true or false based on the text. If it is false, correct it.)

1. _____ 在北京,很多出租车司机都会说一点儿德文。

2. _____ 北京有很多外国公司和银行，但是没有有名的饭馆。
3. _____ 北京是一个很现代也很古老的城市。
4. _____ 北京人喜欢晚上在公园或者路边练习说英文。
5. _____ 在北京，我没有很多朋友。
6. _____ 北京有很多市场。这些市场差不多都是在路边。

三、词语搭配：在B组词中找出与A组词搭配的词或词组。(Collocation: find the proper words or phrases in column B to match those in column A.)

Column A
1. 骑 _____
2. 上 _____
3. 卖 _____
4. 买 _____
5. 坐 _____
6. 交 _____
7. 认识 _____
8. 练习 _____

Column B
A. 东西
B. 朋友
C. 人
D. 电脑
E. 中文
F. 课
G. 自行车
H. 出租车

完成快速略读及泛读，熟悉下列课文生词，精读课文。
After scanning and extensive reading, learn the following vocabulary before intensive reading.

生词 New Words

1. 交	jiāo	v.	make (friends)
2. 有意思	yǒu yìsi	sv.	interesting
3. 事情	shìqing	n.	thing; affair
4. 越来越	yuèláiyuè	adv.	more and more
5. 骑	qí	v.	ride
6. 自行车	zìxíngchē	n.	bicycle

7. 上班	shàng bān	vo.	go to work
8. 上课	shàng kè	vo.	go to class; have class
9. 方便	fāngbiàn	sv./n.	convenient; convenience
10. 市场	shìchǎng	n.	market
11. 这些	zhèxiē	pron.	these
12. 有的	yǒude	n.	some
13. 楼	lóu	n.	building
14. 就	jiù	adv.	exactly; precisely
15. 路	lù	n.	street; road
16. 边	biān	n.	side
17. 附近	fùjìn	n./sv.	in the vicinity; nearby
18. 种	zhǒng	m.	sort; kind
19. 东西	dōngxi	n.	thing
20. 卖	mài	v.	sell
21. 衣服	yīfu	n.	clothes
22. 星期六	xīngqīliù	n.	saturday
23. 便宜	piányi	sv.	cheap
24. 外语	wàiyǔ	n.	foreign language
25. 练习	liànxí	v./n.	practice; exercise
26. 早晨	zǎochen	n.	morning
27. 公园	gōngyuán	n.	park
28. 大声	dàshēng	adv.	aloud
29. 西方	xīfāng	n.	west; the West
30. 出租车	chūzūchē	n.	taxi
31. 司机	sījī	n.	driver
32. 热情	rèqíng	sv./n.	warm; enthusiasm
33. 上	shàng	prep.	on
34. 说话	shuō huà	vo.	talk
35. 到……去	dào...qù	vp.	go to
36. 城里	chénglǐ	n.	downtown
37. 坐	zuò	v.	take; sit
38. 古老	gǔlǎo	sv.	ancient

39. 现代	xiàndài	sv./n.	modern; modern time
40. 银行	yínháng	n.	bank
41. 饭店	fàndiàn	n.	restaurant; hotel
42. 各种各样	gè zhǒng gè yàng	ie.	various; a great variety of
43. 特别	tèbié	sv./adv.	special; especially
44. 想着	xiǎngzhe	v.	think of; recall
45. 过去	guòqù	n.	past
46. 将来	jiānglái	n.	future

综合练习 Comprehensive Exercises

一、写出下列音节的声、韵母。(Write out the missing initials and finals.)

1. j_____ péngyou   make friends   j_____ lái   future
2. rèn _____i   know   yǒu yì _____i   interesting
3. shì ch_____   market   ch_____ shì   city
4. _____ì jǐ   oneself   _____ī jī   driver
5. rè _____íng   warm-hearted   zǎo _____én   early morning
6. bú _____uò   pretty good   _____uò (chē)   take (a bus)
7. gǔ l_____   ancient   gāo l_____   tall building
8. xiàn _____ài   modern   _____è bié   special

二、给拼音加汉字或给汉字加拼音。(Write out characters for the *pinyin* and convert characters to *pinyin*.)

1. fāngbiàn   2. dōngxi   3. guòqù
4. mài   5. zìjǐ   6. shàng kè
7. 特别   8. 城市   9. 骑
10. 上班   11. 便宜   12. 衣服
13. 早晨   14. 热情   15. 出租车

三、选择正确答案。(Choose the most appropriate answer for each of the sentences.)

1. 她很喜欢买衣服,朋友们都知道她有_____衣服。
   A. 多　　　　　B. 很多　　　　C. 多极了

2. 明天上午,我妈妈要到市场_____去买菜。
   A. 上　　　　　B. 里　　　　　C. 地方

3. 我哥哥每天_____自行车去上学。
   A. 坐　　　　　B. 骑　　　　　C. 用

4. 王老师说你星期一_____星期二去都可以。
   A. 或者　　　　B. 也　　　　　C. 还是

5. 小张,这里人太多,你一定得_____。
   A. 说大声　　　B. 大声说　　　C. 说一点大声

6. 很多人都说上海是一个很_____的城市。
   A. 过去　　　　B. 将来　　　　C. 现代

7. 在这个大城市生活,你可以_____各种各样的人。
   A. 交　　　　　B. 认识　　　　C. 跟

8. 我们去那个市场吧,那里_____各种各样的东西。
   A. 是　　　　　B. 买　　　　　C. 有

四、把所给词语填入适当位置。(Insert each of the given words into the appropriate position.)

1. 不知道为什么,今天_____小林_____高兴_____。(极了)
2. 他觉得_____骑自行车_____去上班_____。(很方便)
3. _____他家_____有很多外国公司_____。(附近)
4. _____他们_____是_____韩国人,有的是中国人。(有的)
5. 到中国以后,_____我_____喜欢_____喝茶了。(越来越)

五、选词填空。(Fill in the blanks with appropriate words.)
Study the words before you start.
同屋　请　还　叫　有　走　问　这么　一样　除了

这是我的宿舍。宿舍里_____有两张床,还有两张桌子,两个书架和一个小冰箱。我有一个_____,他是法国人,名字_____林欢。我常常觉得_____大的宿舍应该住一个人，两个人住真是_____一点儿小。昨天，我的中国朋友小王_____我去她的宿舍，我_____进宿舍的时候，看到他的宿舍跟我的宿舍差不多_____大，可是宿舍里住了五个学生。我_____小王，中国学生宿舍是不是都是五个人住，她说不都是，_____有住六个人的宿舍。现在我觉得我的宿舍不小了。

生词 New Words

床 chuáng bed	书架 shūjià bookshelf
桌子 zhuōzi desk	冰箱 bīngxiāng refrigerator

六、讨论与写作。(Discussion and writing.)

1. <u>Pair work</u>：Ask a classmate to describe a city he/she visited. Make some notes when you listen. After listening, introduce this city to another classmate of yours. Use some of the following expressions in your introduction.（成对练习：请你的同学介绍他/她去过的一个城市，听的时候写下要点。然后用下面的词语把这个城市介绍给你的另一个同学。）

我想介绍一下……；坐车；有意思；有的……有的……；有时候；各种各样；特别；方便；历史；古老；现代；高楼；生活

2. Write a paragraph in Chinese describing the city you talked about with your classmate above.（把你上面介绍的这个城市的情况用简单的中文写出来。）

TIPS OF THE LESSON 加油站

Nose, ears and eyes
鼻子、耳朵和眼睛

手 (shǒu; hand)：左手/右手　　一只手/两只手(一双手)
脚 (jiǎo; foot)：左脚/右脚　　一只脚/两只脚
眼睛 (yǎnjing; eye)：左眼/右眼　　一只眼睛/两只眼睛(一双眼睛)
耳朵 (ěrduo; ear)：左耳/右耳　　一只耳朵/两只耳朵

鼻子（bízi；nose）：鼻子很大/鼻子很高
嘴（zuǐ；mouth）：嘴很大/小　　一张嘴
牙齿（yáchǐ；tooth）：牙齿很白　　一颗牙
头发（tóufa；hair）：头发长/头发多/头发黑
脖子（bózi；neck）：脖子长/脖子短/脖子粗/脖子细
肚子（dùzi；stomach）：肚子大/肚子小/肚子疼
胳膊（gēbo；arm）：左胳膊/右胳膊　一只胳膊
腿（tuǐ；leg）：左腿/右腿　　　　一条腿

Antonyms

大（dà；big）——小（xiǎo；small）　多（duō；many）——少（shǎo；few）
长（cháng；long）——短（duǎn；short）　高（gāo；tall）——矮（ǎi；short）
粗（cū；thick）——细（xì；thin）　胖（pàng；fat）——瘦（shòu；thin）

Exercises on tips of the lesson（练习）

1. Answer the following questions （回答问题）
1）你用哪只手写字？
2）你觉得谁的眼睛很好看？
3）谁的头发很长？
4）东方人的鼻子高不高？
5）你的左脚跟右脚一样大吗？
6）有人说人的胳膊跟腿一样长，你觉得对不对？
7）在你们国家，要是一个女孩子嘴很小，大家觉得好看吗？为什么？
8）请跟你的同学谈谈你喜欢的男人或者女人的样子(yàngzi，appearance)。

2. Writing 写作练习

用中文写一段话，描写一下你认识的一个人的样子（Describe the looks of a person you know）。

第四课
CHAPTER FOUR

 读前练习 Exercises Before You Read

Your classmates are going to visit your hometown soon. Give them a brief introduction about your hometown with the following information if you can: places they should visit, good restaurants, weather there; things people use to do there; safety, etc.

1 苏州

大家都说苏州是一个很美的城市。去年夏天,我终于有机会去了苏州。

我到苏州的时候,天气有一点儿热。我买了一张地图,在地图上找到了很多有名的地方。有一些地方是我小时候读故事书的时候知道的,现在可以去看看了,我非常高兴。苏州有很多好看的庙,苏州的花园也很有名。苏州城不太大,可是人不少。不管你走到哪儿,都有很多人,让你觉得很挤,不太容易好好地看风景。

有人说苏州最美的季节是秋天。到了秋天,树叶都变成了红色,空气也很好,天总是蓝蓝的,风景很美。也有人说苏州的春天最美。春天各种花儿都开了,到处都是看花的人,非常热闹。还有人说,苏州的冬天很美。冬天,下了雪以后,在雪白的山上,看天边的红日,是另一种风景。

51

除了人有一点儿多以外,我觉得夏天去苏州也不错。苏州好玩的地方很多,每个有名的地方都有一个古老的故事。你到一个地方,就会有人给你讲这些故事。苏州有很多茶馆,在茶馆里你可以喝茶,吃东西,还可以听人唱歌、看戏。在苏州的时候,我差不多每天都去茶馆坐坐,在那里一边儿喝茶,一边儿听人谈话。

听说二十年以前,去苏州玩儿的人没有这么多。那时候的苏州更美,更好玩。我在苏州的那些天,也总是觉得人太多。有时候,我真希望碰到一个雨天,那样,外面就不会有很多人了,我可以静静地看看风景,想想苏州过去的故事。

虽然在苏州的时候,我每天又累又忙。可是现在看到那时候的照片,想起去过的那些好玩的地方,我觉得很亲切。

以后有时间,我还想再去苏州。

快速略读练习 Scanning Reading Exercises

Read the sentences below. Then quickly look through the reading 苏州 to find the answers. Do not try to read every word. Pay attention to the contexts relevant to the questions only.

1. _____夏天,我终于去了苏州。
2. 苏州城不太_____,可是人_____。
3. 听说_____前,去苏州玩儿的人没有这么多。
4. 在苏州的时候,我每天又_____又_____。

首次阅读练习 Exercises After First Reading

Now read the story again for the main idea. Do the exercise after reading.

排列事件顺序 Sequence Exercise

Put the following events in the order that they appear in the reading.
_____ 听说二十年以前,去苏州玩儿的人没有这么多。

_____ 去年,我终于去了苏州。
_____ 苏州城不大,可是人很多。
_____ 我希望碰到一个雨天。
_____ 我到苏州的时候,天气有一点儿热。

2 二次阅读练习 Exercises After Second Reading

Read the story carefully this time. Then finish the exercises below.

一、根据课文内容,回答下列问题。(Answer the following questions based on the text.)

1. "我"以前去过苏州吗?你怎么知道?

2. "我"在苏州买地图了吗?

3. 苏州有没有好看的庙?

4. "我"觉得夏天去苏州的人多不多?

5. 在苏州的茶馆里,除了可以听人唱歌,还可以做什么?

6. 二十年以前的苏州怎么样?

二、判断正误:如果句子不对,请改正。(Mark the following statements true or false based on the text. If it is false, correct it.)

1. _____ 我很不喜欢夏天去苏州。
2. _____ 苏州的花园很有名。
3. _____ 在苏州,有的地方人很多,有的地方人很少。
4. _____ 秋天,苏州常常下雪。
5. _____ "我"很喜欢去人多的地方玩儿。
6. _____ 要是有时间,我以后还想再去苏州。

三、词语搭配：在B组词中找出与A组搭配的词或词组。(Collocation：find the proper words or phrases in column B to match those in column A.)

Column A　　　　　　　　　Column B
1. 天气＿＿＿＿＿＿　　　A. 戏
2. 花儿＿＿＿＿＿＿　　　B. 热
3. 看＿＿＿＿＿＿　　　　C. 雪
4. 讲＿＿＿＿＿＿　　　　D. 开
5. 谈＿＿＿＿＿＿　　　　E. 茶馆
6. 去＿＿＿＿＿＿　　　　F. 话
7. 下＿＿＿＿＿＿　　　　G. 故事
8. 买＿＿＿＿＿＿　　　　H. 地图

> 完成快速略读及泛读，熟悉下列课文生词，精读课文。
> After scanning and extensive reading, learn the following vocabulary before intensive reading.

生词 New Words

1.	美	měi	sv.	beautiful
2.	终于	zhōngyú	adv.	finally; eventually
3.	天气	tiānqì	n.	weather
4.	热	rè	sv.	hot
5.	张	zhāng	m.	sheet; piece
6.	地图	dìtú	n.	map
7.	找到	zhǎodào	v.	find
8.	地方	dìfang	n.	place
9.	故事	gùshi	n.	story
10.	庙	miào	n.	temple; shrine
11.	花园	huāyuán	n.	garden
12.	不管……都……	bùguǎn...dōu...	conj.	regardless of; no matter

13. 哪儿	nǎr	pron.	where
14. 挤	jǐ	sv.	crowded
15. 容易	róngyì	sv.	easy
16. 好好	hǎohāor	adv.	to one's heart's content
17. 风景	fēngjǐng	n.	scenery
18. 季节	jìjié	n.	season
19. 秋天	qiūtiān	n.	autumn
20. 树叶	shùyè	n.	leaf
21. 变成	biànchéng	v.	become; turn into
22. 红	hóng	sv.	red
23. 色	sè	n.	color
24. 空气	kōngqì	n.	air
25. 天	tiān	n.	sky
26. 总是	zǒngshì	adv.	always
27. 蓝	lán	sv.	blue
28. 春天	chūntian	n.	spring
29. 开	kāi	v.	open; come into bloom
30. 到处	dàochù	n.	everywhere
31. 热闹	rènao	sv.	lively; bustling with activity
32. 冬天	dōngtiān	n.	winter
33. 下雪	xià xuě	vo.	snow
34. 雪白	xuěbái	sv.	snow-white
35. 除了……以外	chúle...yǐwài	conj.	besides; except
36. 好玩	hǎowánr	sv.	amusing; interesting
37. 茶馆	cháguǎn	n.	teahouse
38. 戏	xì	n.	drama; play
39. 一边……一边……	yìbiān...yìbiān...	adv.	at the same time
40. 谈话	tánhuà	v./n.	talk; conversation
41. 听说	tīngshuō	v.	heard of; be told
42. 更	gèng	adv.	more; even more
43. 碰到	pèngdào	v.	run into; meet
44. 雨	yǔ	n.	rain

45. 那样	nàyàng	*pron.*	that; in that way
46. 静静	jìngjìng	*adv.*	quietly; peacefully
47. 又	yòu	*adv.*	used to indicate that several conditions or qualities exist at the same time
48. 照片	zhàopiānr	*n.*	picture; photograph
49. 想起	xiǎngqǐ	*v.*	recall; think of; occur to
50. 亲切	qīnqiè	*sv.*	intimate
51. 时间	shíjiān	*n.*	time
52. 再	zài	*adv.*	again; one more time

专有名词 Proper Nouns

| 苏州 | Sūzhōu | *pn.* | Suzhou (a city in China) |

综合练习 Comprehensive Exercises

一、写出下列音节的声、韵母。(Write out the missing initials and finals.)

1. ____ūn tiān   spring   ____iū tiān   autumn
2. zǒng ____ì   always   ____ì   play; show
3. hóng s____   red color   chéng sh____   city
4. x____   write   x____   snow
5. ____è   hot   ____è   foliage; leaf
6. jì ____ié   season   yì ____iē   some
7. dào ____ù   everywhere   guò ____ù   past; previous
8. ____ōng yú   finally   ____ōng tiān   winter

二、给拼音加汉字或给汉字加拼音。(Write out characters for the *pinyin* and convert characters to *pinyin*.)

1. dìtú   2. huāyuán   3. róngyi
4. fēngjǐng   5. gùshi   6. tiānqì

7. 照片　　　　　8. 茶馆　　　　　9. 空气
10. 挤　　　　　11. 不管　　　　　12. 季节
13. 热闹　　　　14. 看戏　　　　　15. 谈话

三、选择正确答案。(Choose the most appropriate answer for each of the sentences.)

1. 我_____法国的时候,那儿的天气很热。
   A. 到来　　　　B. 去到　　　　C. 到

2. 我要买一_____很大的中国地图。
   A. 个　　　　　B. 件　　　　　C. 张

3. 老师,地图_____没有你说的这个地方。
   A. 下　　　　　B. 上　　　　　C. 里

4. 那个市场不太大,可是人不_____。
   A. 少　　　　　B. 小　　　　　C. 太小

5. 不管你_____,我都爱吃。
   A. 做什么饭　　B. 什么做饭　　C. 做饭什么

6. 小李、大张和小王三个人,谁_____?
   A. 最高　　　　B. 更高　　　　C. 高极了

7. 昨天我在市场上买东西的时候,_____了我小时候的音乐老师。
   A. 碰到　　　　B. 见面　　　　C. 看

8. 老师,我还不懂,你可以_____吗?
   A. 说再一次　　B. 再说一次　　C. 一次说再

四、完成下列对话。(Complete the following dialogue.)

A:张红,星期六你想不想跟我们去玩玩?
B:_____?
A:我们想到北海公园去看看。
B:你们两个星期以前_____?
A:对。可是那时候,很多花儿还没有开,听说现在差不多都开了。
B:那儿的风景_____?
A:非常美。那里有山,有树,_____。
B:真的吗?那个花园很大吗?

57

A：我觉得不小。你＿＿＿＿＿＿＿＿＿＿＿＿＿＿＿＿＿＿＿＿？
B：要是天气好，我就跟你们去。

五、组词成句。(Make sentences by using the following words.)
1. 容易　他们　学　中文　很　说
2. 好玩儿　很多　那里　的　地方　听说
3. 小李　工作　毕业以后　找到了　很快　就
4. 春天　最喜欢　是　的　季节　我
5. 都是　宿舍里　衣服　的　他　到处
6. 总是　给　我妹妹　她　让人　讲故事

六、讨论与写作。(Discussion and writing.)
1. Talk about your favorite season or seasons with your classmate and state your reasons. You may want to include some of the following expressions. (用下面的词语和你的同学讨论你最喜欢的季节并陈述理由。)

最喜欢的季节；天气；空气；下雪/雨；树叶；花儿；花园；风景；到处；好玩儿；好看；小时候；总是；又……又……；除了……以外；不管……都……；一边儿……一边儿……；虽然……可是……

2. Write down the oral introduction. (把上面的介绍写下来。)

 读前练习 Exercises Before You Read

Introduce a park you visited to your classmate or friend with the following information：the year you visited；the reason you visited there；its scenery；the weather there；your impression about it；state the reason if you recommend it to your classmate or friend.

2 瑞士小城

今年六月，我们全家到瑞士山边的一个小城去了。我有几个朋友去过那里，回来以后他们都说那儿很美，应该去玩儿玩儿。

大家都说瑞士是一个非常好玩的地方，那儿风景好，山好，水也好。到了瑞士，让我最高兴的还不是那儿的风景和山水，我最喜欢的是它的干净。我们在瑞士的时候，差不多每天都是晴天，没有风。因为空气很干净，那些很远很远的地方看上去就好像是在眼前，漂亮极了。我去过世界上很多地方，可是瑞士跟别的地方都不一样。在那里，你觉得好像是到了另外一个世界，身边的一切是那么不同，景色也变得更可爱了。

我们去的那个小城是瑞士最古老的城市。我们到的那一天，刚下过雨，城里到处都是美丽的花草，路上很干净，让人舍不得在上面走。小城后面是高山，从远处看过去，山上的树绿极了，天也特别蓝。再远的地方，是更高的山。虽然是夏天，山上还是有很多雪。小城的西边还有一个很美的湖，湖上有各种颜色的小船，有红的，黄的，也有蓝的，看上去真像是一幅画儿。湖边也有一些小咖啡馆，要是你玩累了，你可以到这里休息休息，喝点儿咖啡，聊聊天。这里的人们都很有礼貌，说话的声音轻轻的。从人们的谈话里我知道，夏天还不是这儿最美的季节。瑞士的春天最美。我觉得我在瑞士过了一个美好的夏天。

快速略读练习 Scanning Reading Exercises

Read the sentences below. Then quickly look through the reading 瑞士小城 to find the answers. Do not try to read every word. Pay attention to the contexts relevant to the questions only.

1. 今年_____我们全家到瑞士去了。
2. 大家都说瑞士是一个非常_____的地方。
3. 我去的那个小城是瑞士最_____的城市。
4. 小城的_____还有一个很美的湖。

1 首次阅读练习 Exercises After First Reading

Now read the story again for the main idea. Do the exercise after reading.

排列事件顺序 Sequence Exercise

Put the following events in the order that they appeared in the reading.

_____ 我的朋友都说瑞士很美,应该去玩儿玩儿。
_____ 我在瑞士过了一个很美好的夏天。
_____ 我们到小城的那天,那里刚下过雨。
_____ 从人们的谈话里我知道,夏天不是这儿最美的季节。
_____ 我们全家到瑞士去了。

2 二次阅读练习 Exercises After Second Reading

Read the story carefully this time. Then finish the exercises below.

一、判断正误:如果句子不对,请改正。(Mark the following statements true or false based on the text. If it is false, correct it.)

1. _____ 去年六月,"我们"全家到瑞士去玩儿了一次。
2. _____ "我"很不喜欢瑞士的风景。
3. _____ 瑞士最古老的城市很不干净。
4. _____ "我"在瑞士的时候,那里常常下雨。
5. _____ "我"觉得瑞士是一个很特别的地方。
6. _____ 去瑞士以前,"我"就知道瑞士最美的季节是春天。

二、根据课文内容,回答下列问题。(Answer the following questions based on the text.)

1. "我们"全家为什么到瑞士去玩儿?

2. 瑞士跟别的地方有什么不一样?

3. "我"去的那个小城的人怎么样？

4. "我"是不是秋季去瑞士的？

5. 小城西边的湖怎么样？

6. 湖边有没有饭馆和酒馆？

三、词语搭配：在B组词中找出与A组词搭配的词或词组。（Collocation：find the proper words or phrases in column B to match those in column A.）

Column A
1. 风景_____
2. 空气_____
3. 咖啡_____
4. 各种_____
5. 一幅_____
6. 一个_____
7. 身_____
8. 眼_____

Column B
A. 湖
B. 边
C. 美
D. 干净
E. 前
F. 画儿
G. 馆
H. 颜色

完成快速略读及泛读，熟悉下列课文生词，精读课文。
After scanning and extensive reading, learn the following vocabulary before intensive reading.

生词 New Words

1. 全	quán	sv.	all
2. 几	jǐ	num.	several
3. 山水	shānshuǐ	n.	mountains and rivers; landscape

4. 干净	gānjìng	sv.	clean; neat
5. 晴天	qíngtiān	n.	sunny day
6. 风	fēng	n.	wind; breeze
7. 远	yuǎn	sv.	far
8. 看上去	kànshàngqu	vp.	seem; look
9. 眼前	yǎnqián	n.	before one's eyes
10. 漂亮	piàoliang	sv.	beautiful
11. 世界	shìjiè	n.	world
12. 身边	shēnbiān	n.	nearby
13. 一切	yíqiè	pron.	everything
14. 不同	bùtóng	sv.	different
15. 景色	jǐngsè	n.	scenery
16. 变得	biànde	v.	become
17. 可爱	kě'ài	sv.	lovely
18. 下雨	xià yǔ	vo.	rain
19. 美丽	měilì	sv.	beautiful
20. 草	cǎo	n.	grass
21. 舍不得	shě bu de	vp.	be reluctant to; hate to use
22. 面	miàn	n.	side
23. 上面	shàngmian	n.	on top of; above
24. 后面	hòumian	n.	behind
25. 远处	yuǎnchù	n.	distance; beyond
26. 看过去	kànguòqù	vp.	look into the distance
27. 绿	lǜ	sv.	green
28. 西边	xībiān	n.	west side
29. 湖	hú	n.	lake
30. 颜色	yánsè	n.	color
31. 船	chuán	n.	boat; ship
32. 幅	fú	m.	measure word
33. 咖啡馆	kāfēiguǎn	n.	coffee shop
34. 休息	xiūxi	v.	rest; break
35. 轻	qīng	sv.	light; gentle

专有名词 Proper Nouns

瑞士　　　　　Ruìshì　　pn.　　Switzerland

综合练习 Comprehensive Exercises

一、写出下列音节的声、韵母。(Write out the missing initials and finals.)

1. ____uán jiā　　entire family　　____uán　　boat; ship
2. y____　　　　far　　　　　　　y____　　　eye
3. tiān ____ì　　weather　　　　____ì jié　　season
4. l____　　　　road　　　　　　l____　　　green
5. ____án　　　blue (color)　　　____án　　　male
6. k____ ài　　　lovely　　　　　k____ fēi　　coffee
7. shì ____iè　　world　　　　　yí ____iè　　all; everything
8. gān ____ìng　clean　　　　　gāo ____ìng　happy

二、给拼音加汉字或给汉字加拼音。(Write out characters for the *pinyin* and convert characters to *pinyin*.)

1. yīnggāi　　　　2. hóng rì　　　　3. huā cǎo
4. nǚhái　　　　　5. gōngzuò　　　　6. zǎochén
7. lìngwài　　　　8. hěn qīng　　　　9. hěn yuǎn
10. dàochù　　　　11. yǐjīng　　　　　12. gōngyuán
13. 漂亮　　　　　14. 礼貌　　　　　15. 颜色
16. 湖　　　　　　17. 黄　　　　　　18. 船
19. 美丽　　　　　20. 休息　　　　　21. 空气

三、选择正确答案。(Choose the most appropriate answer for each of the sentences.)

1. 我知道你去过法国跟意大利(Yìdàlì; Italy),你还去过_____国家吗?
　　A. 不同　　　　B. 另外　　　　C. 别的

2. 你爸爸今天_____好像有一点儿不高兴。
   A. 看上去   B. 看上来   C. 看过去
3. 我在上海的时候，差不多每天都_____。
   A. 晴天   B. 是晴   C. 是晴天
4. 听说那家咖啡馆不远，就在_____。
   A. 湖的西边 B. 西边的湖 C. 湖西边的
5. 你们两个要是_____，可以到外边去玩儿玩儿。
   A. 累了读   B. 累读了   C. 读累了
6. 不知道为什么，这两天我_____觉得很累。
   A. 可是   B. 总是   C. 非常
7. 那件事，差不多_____世界的人都知道。
   A. 一切   B. 都   C. 全
8. 我有一个妹妹_____上大学。
   A. 在那里   B. 谁在那里 C. 在那里谁

四、把所给词语填入适当位置。(Insert each of the given words into the appropriate position.)

1. _____我过去的_____我妈妈已经_____都告诉你了。(一切)
2. 我父母_____去过_____二十多个国家_____。(世界上)
3. 这是_____那个小城_____的照片_____。(我们喜欢的)
4. 很多人都说_____上海_____都是人_____。(到处)
5. 秋天的时候，这儿的天_____蓝_____，非常漂亮_____。(极了)
6. 我的性情_____跟我爸爸的性情_____一样。(不)

五、组词成句。(Make sentences by using the following words.)

1. 让妈妈 找到 高兴的 我 是 工作了
2. 干净 宿舍 总是 他们 非常 的
3. 有 你说 世界 另外 没有 一个
4. 的 颜色 这里 花 各种 有
5. 北边 的 是 一个 市场 这所大学
6. 孩子 可爱了 这个 更 变得

六、阅读及讨论。(Reading and discussion.)

1. Add all the missing parts to the following picture according to the reading. (根据下文在图中标示出没画出来的部分。)

　　这是我的家。我的家后面有一些树。每年秋天,树上的叶子都会变成红色,非常漂亮。小时候,我跟哥哥常常在这些树下玩儿。

　　房子的西边有一个小花园,里面有很多种不同的花儿,每年的春天或者秋天,各种花儿都开了的时候,花园里真是美极了。花园的西边是一个湖。这个湖不太大,可是很好看,而且湖里还有鱼。我妹妹很喜欢在湖边玩儿。

　　房子的东边是草地。这些草一年四季,不管是什么时候,总是绿的。我们小的时候,吃完晚饭以后,常常坐在这块草地上,听父母给我们讲故事。房子前面是一条小路,小路的两边除了草地以外,还有一些漂亮的花草。

　　我很久没有回家看看了,我真有一点想家,想念我的父母、哥哥和妹妹,也很想念小湖里的鱼。

2. <u>Pair work</u>: Describe the picture with a classmate or a friend after you finished the exercise above. Try not to look at the reading above. (成对练习:向你的同学或朋友描述下图,尽量不看上面的文章。)

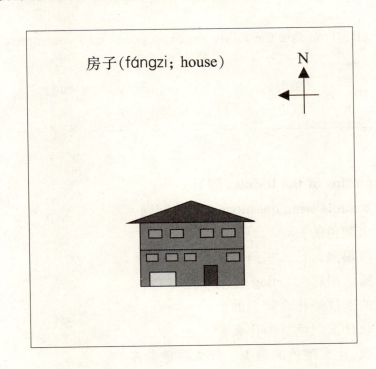

TIPS OF THE LESSON 加油站

Blue—My favorite color
蓝色——我最喜欢的颜色

颜色	yánsè	color
黑(色)	hēi(sè)	black (color)
红(色)	hóng(sè)	red (color)
黄(色)	huáng(sè)	yellow (color)
绿(色)	lǜ(sè)	green (color)
蓝(色)	lán(sè)	blue (color)
紫(色)	zǐ(sè)	purple (color)
白(色)	bái(sè)	white (color)
深	shēn	dark (color); deep
浅	qiǎn	light (color); shallow

Test Yourself: Translate the following expressions into your native language.

蓝天	黄叶	白云(yún; cloud)
绿草	红花	黑头发

Exercises on tips of the lesson（练习）

1. Answer the following questions.（回答问题）

1）雪是什么颜色的？

2）什么东西很黑？什么东西是红的？

3）你们国家的国旗(qí, flag)上有哪些颜色？

4）你们家的电视是什么颜色的？

5）你最喜欢什么颜色？为什么？

6）你的衣服,什么颜色的最少？什么颜色最多？

7）在你们国家,出租汽车是什么颜色的？

8）要是你买车，你要买什么颜色的？为什么？

9）你觉得一个人喜欢的颜色跟他的性情有没有关系？

2. Writing 写作练习："我的房间"

Add the color you like to the furniture and decorations in this room. Write a paragraph in Chinese describing the room.（给房间里的东西加上你喜欢的颜色，然后描写一下这个房间。）

第 五 课
CHAPTER FIVE

 读前练习 Exercises Before You Read

Introduce your mother tongue to one of your classmate with the following information: your mother tongue; its characteristics; its differences from Chinese or other languages you know; its dialects, etc.

1 世界上的语言

　　一本有名的书上说,很久很久以前,世界上只有一种语言。人们不管到什么地方去,都能听懂别人说的话。那时候人们做事、买卖东西、去外国旅行都很方便。慢慢地,人们变得骄傲了,觉得他们想做什么就能做什么了。

　　有一天,人们决定一起建一座塔。这座塔,他们要建得很高很高,一直建到天上,这样,要是有人想去天堂就可以去了。不久,全世界的人就都来到了一个叫巴别(Babel)的地方建塔。这座塔建得很快,一天比一天高,天上的神开始着急了。神想,如果人们建成了这座塔,大家都到天堂来,神住在哪儿呢?

　　天上的神来到一起,想了一个办法:他们让每个国家的人都说不同的语言,别的国家的人听不懂。建巴别塔的人是从很多国家来的,这样,他们听不懂别的国家的人说的话,大家就没有办法一起建塔了。从那以后,世界上的人要想去别的国家生活或者工作,就得学习外语。

世界上的语言,现在我们知道的有几千种,常用的语言有十几种。比方说,英语、法语在很多国家都能用。因为世界上用英语的国家最多,有人就以为世界上说英语的人最多,其实不是。世界上说汉语的人最多。

汉语和英语有很大的不同。汉语有声调,汉字和西方文字也很不一样。学汉语的时候,外国学生常常觉得汉字好像是一些小图画,比方说,"日""月""山""木""手"等。现在,对中国有兴趣的人越来越多,学汉语的人也就越来越多了。

外国人在学汉语,中国人也在学英语。书上说,学英语的人最多的国家不是英国,也不是美国,世界上学英语的人最多的国家是中国!中国人对外国的事情也越来越有兴趣,他们希望学会英语以后去外国旅行、做事、做买卖,看看不同的人的生活。

快速略读练习 Scanning Reading Exercises

Read the sentences below. Then quickly look through the reading 世界上的语言 to find the answers. Do not try to read every word. Pay attention to the contexts relevant to the questions only.

1. 很久很久以前,世界上只有_____语言。
2. 全世界的人都来到了一个叫_____的地方建塔。
3. 世界上的语言有几千种,常用的有_____种。
4. 世界上学英语的人最多的国家是_____。

首次阅读练习 Exercises After First Reading

Now read the story again for the main idea. Do the exercise after reading.

排列事件顺序 Sequence Exercise

Based on the reading above, put the following events in the correct order by numbering them from 1 to 7.

_____ 人们决定建一座塔。

_____ 那时候，全世界的人都说一种语言。

_____ 天上的神开始着急了。

_____ 大家不能一起建塔了。

_____ 世界上的人都来到巴别开始建塔。

_____ 学汉语的人越来越多。

_____ 外国人在学汉语，中国人也在学英语。

二次阅读练习 Exercises After Second Reading

Read the story carefully this time. Then finish the exercises below.

一、根据课文内容，回答下列问题。（Answer the following questions based on the text.）

1. 古时候人们为什么要建巴别塔？

2. 天神为什么不喜欢人建塔？他们用了什么办法让人们没有办法建塔？

3. 神住在什么地方？

4. 为什么世界上说汉语的人最多？

5. 汉语和英语有哪些不同？

6. 世界上学汉语的人为什么越来越多了？

二、判断正误：如果句子不对，请改正。（Mark the following statements true or false based on the text. If it is false, correct it.）

1. _____ 最早的时候，人们会说很多种语言。

2. _____ 很久以前，人们都会说很多外语，所以做事、买卖东西都很方便。

3. _____ 人们都来到一个地方，请天上的神帮助他们建塔。

4. _____ 天上的神不想让人们建这座塔。

5. ＿＿＿＿＿＿＿ 世界上的语言，我们知道的有十几种。
6. ＿＿＿＿＿＿＿ 世界上说英语的人最多。
7. ＿＿＿＿＿＿＿ 汉语跟英语很不一样。
8. ＿＿＿＿＿＿＿ 因为外国人喜欢学汉语，所以中国人也都学汉语。

三、词语搭配：在B组词中找出与A组词搭配的词或词组。（Collocation：find the proper words or phrases in column B to match those in column A.）

Column A
1. 去＿＿＿＿＿＿＿
2. 有＿＿＿＿＿＿＿
3. 建＿＿＿＿＿＿＿
4. 做＿＿＿＿＿＿＿
5. 想＿＿＿＿＿＿＿
6. 学习＿＿＿＿＿＿＿
7. 一本＿＿＿＿＿＿＿
8. 一种＿＿＿＿＿＿＿

Column B
A. 买卖
B. 塔
C. 旅行
D. 语言
E. 兴趣
F. 书
G. 外语
H. 办法

完成快速略读及泛读，熟悉下列课文生词，精读课文。

After scanning and extensive reading, learn the following vocabulary before intensive reading.

生词 New Words

1. 本	běn	n.	measure word
2. 久	jiǔ	sv.	for a long time; long
3. 语言	yǔyán	n.	language
4. 人们	rénmen	n.	people
5. 听懂	tīngdǒng	vp.	understand (what others said)
6. 旅行	lǚxíng	v.	travel

7. 慢慢	mànmàn	adv.	gradually; slowly
8. 骄傲	jiāo'ào	sv.	proud; pretentious
9. 建	jiàn	v.	build; set up
10. 座	zuò	m.	measure word
11. 塔	tǎ	n.	tower; pagoda
12. 一直	yìzhí	adv.	always
13. 这样	zhèyàng	pron.	in this way; like this
14. 天堂	tiāntáng	n.	heaven
15. 比	bǐ	prep.	than
16. 神	shén	n.	god; deity
17. 着急	zháojí	v.	worry; feel anxious
18. 如果	rúguǒ	conj.	if
19. V—成	chéng	suffix.	succeed (in doing sth.)
20. 办法	bànfǎ	n.	way; means
21. 国家	guójiā	n.	nation; country
22. 听不懂	tīng bu dǒng	vp.	do not understand
23. 必须	bìxū	v.	must
24. 比方说	bǐfāng shuō	ie.	for example
25. 以为	yǐwéi	n.	think; presume
26. 其实	qíshí	adv.	actually; as a matter of fact
27. 汉语	Hànyǔ	n.	Chinese language
28. 声调	shēngdiào	n.	tone
29. 汉字	Hànzì	n.	Chinese characters
30. 文字	wénzì	n.	characters; script
31. 图画	túhuà	n.	picture; drawing
32. 木	mù	n.	wood
33. 手	shǒu	n.	hand
34. 兴趣	xìngqù	n.	interest
35. 对……有兴趣	duì...yǒu xìngqù	vp.	be interested in
36. 买卖	mǎimai	n.	buying and selling; trade

专有名词 Proper Nouns

巴别塔　　　　　　Bābiétǎ　　　　　pn.　　　Babel tower

综合练习 Comprehensive Exercises

一、写出下列音节的声、韵母。(Write out the missing initials and finals.)

1. Hàn ____ì　　　　Chinese character　　yí ____ì　　　　one time; once
2. ____ú shū　　　　read books; study　　____ú huà　　　pictures
3. qí ____í　　　　　in fact　　　　　　　yì ____í　　　　continuously
4. sh____　　　　　 God　　　　　　　　sh____ diào　　 tones
5. ____āo ào　　　　proud　　　　　　　____áo jí　　　　feel worried
6. d____　　　　　　etc.　　　　　　　　d____　　　　　understand
7. yì ____iān　　　　one thousand　　　　____iǎn dān　　simple
8. ____ǎ　　　　　　tower　　　　　　　____à　　　　　big

二、给拼音加汉字或给汉字加拼音。(Write out characters for the *pinyin* and convert characters to *pinyin*.)

1. bànfǎ　　　　2. yǔyán　　　　3. Hànzì
4. bǐfāngshuō　 5. huòzhě　　　 6. shìjiè
7. 以为　　　　 8. 兴趣　　　　 9. 天堂
10. 建　　　　　11. 旅行　　　　12. 神
13. 声调　　　　14. 如果　　　　15. 着急

三、选择正确答案。(Choose the most appropriate answer for each of the sentences.)

1. 现在有很多外国公司都_____中国有兴趣。
　　A. 对　　　　　　B. 跟　　　　　　C. 在
2. 来中国以前，我_____一本中文书。
　　A. 有只　　　　　B. 只有　　　　　C. 只
3. 如果你想去外国读书，_____得学习外语。

A. 就你　　　　　　B. 你就　　　　　　C. 都就

4. 因为世界上用英语的国家最多，_____就以为世界上说英文的人最多

    A. 人们　　　　　　B. 多人　　　　　　C. 人

5. 这几年，那所大学_____了很多高楼。

    A. 建　　　　　　　B. 做　　　　　　　C. 建做

6. 这里的东西_____那里的便宜。

    A. 跟　　　　　　　B. 比　　　　　　　C. 一样

7. 我们都_____那个学生说的英文。

    A. 不听懂　　　　　B. 听没懂　　　　　C. 听不懂

8. 你们看，_____的那位先生有一点儿着急。

    A. 来从日本　　　　B. 从日本来　　　　C. 日本来从

四、完成下列对话。(Complete the following dialogue.)

A：姐，你知道_____吗？
B：我们老师说世界上有六千多种语言。
A：天哪！_____？真有那么多吗？
B：我也是刚知道有这么多。你知道_____？
A：常用语言的有汉语、英语、法语……，我想最多只有十几种吧。
B：对。你说世界上_____？
A：当然(dāngrán, of course)是说英语的人最多了，很多国家都用英语。
B：这就错了。虽然_____的国家最多，可是说英语的人不是最多的。
A：如果说英语的人不是最多的，那一定是_____。
B：没错，你的脑子(nǎozi, brain)真快！

五、组词成句。(Make sentences by using the following words.)

1. 旅行　很　人们　那时候　去外国　方便
2. 做什么　小林　想　就　总是　做什么
3. 一天　这里的　比　东西　贵　一天
4. 很多　中国　对　人　的　有兴趣
5. 外国　工作　将来　他　去　希望
6. 很大的　和　汉语　有　法语　不同

六、讨论与写作。(Discussion and writing.)

1. Discuss the following situations with your classmates.

1) The famous French writer Voltaire once said that everyone in the world would be speaking French now if people had not tried to build the Tower of Babel. What is your opinion about many different languages in the world? Would it be better or worse if there were no foreign languages in the world? Why?（著名法国作家Voltaire曾说如果人们没有努力建巴别塔,世界上每个人就都会说法语了。对于世界上的不同的语言,你的观点怎样？如果没有外语,是好是坏？为什么？）

2) English is becoming the dominant language on Internet. What effects will it have on other languages?（英语在因特网上成为主导地位的语言,这将对别的语言有何影响？）

2. Summarize the discussion above in writing.（总结以上的讨论并写下来）

 读前练习 Exercises Before You Read

Discuss the following topics with one of your classmates：1) How much do you know about the language in China？ 2) Are there any differences between Cantonese and Mandarin？ If yes, what are the differences？ 3) Can people speaking different dialects understand each other in China?

2　北方话和南方话

中国人都要学普通话。普通话是中国的北方话。中国地方很大,北方人说的汉语和南方人说的汉语很不一样。

在中国,很多地方都有自己的地方话,有些地方话很难懂。有时候,住在两个很近的城市的人会互相听不懂。如果你让一个北方人听上海话,他会觉得好像是在听外语。

很多学过汉语的外国人到中国,听不懂中国人说的话,会很不好意思。其实,这不一定是他们的问题。很多中国人也听不懂别的地方的人说的地

75

方话。比方说,一个没有学过广东话的山东人,一定听不懂广东话。外国人也许觉得都是中国人,听不懂自己国家的人说的汉语,这很奇怪。

别的语言很少有这样的情况。比方说,世界上很多国家的人都说英语,虽然他们说的英语有一些不同,可是他们差不多都互相听得懂。在美国,南方人说的英语和北方人说的英语也不完全一样,可是他们都能听懂对方的话。中国人说的都是汉语,但是,汉字的发音在不同的地方话里有很大的不同,所以人们很难互相听懂。不过,不管在中国的什么地方,中国字都是一样的。如果北方人到了南方,听不懂他们的地方话,他可以写出自己的意思来,别人能读懂。

只会说自己的地方话很不方便,因为别人可能听不懂你的意思。所以在中国,政府要求人人都要会说普通话,中国的学校也要用普通话上课。这样,人们说话、做事就方便多了。

快速略读练习 Scanning Reading Exercises

Read the sentences below. Then quickly look through the reading 北方话和南方话 to find the answers. Do not try to read every word. Pay attention to the contexts relevant to the questions only.

1. 普通话是_____。
2. 如果让一个北方人听_____,他会觉得好像是在听外语。
3. 不管在中国的什么地方,中国字_____。
4. 一个没有学过广东话的_____,一定听不懂广东话。

首次阅读练习 Exercises After First Reading

Now read the story again for the main idea. Do the exercise after reading.

Try the following tongue twister:

sì shí sì bú shí shí sì
四 十 四 不 是 十 四　　44 is not 14
shí sì bú shí sì shí sì
十 四 不 是 四 十 四　　14 is not 44
sì shí sì shí sì shí sì
四 十 四 是 四 十 四　　44 is 14
shí sì shì shí sì
十 四 是 十 四　　14 is 14

首次阅读练习 Exercises After First Reading

Now read the story again for the main idea. Do the exercise after reading.

找出段落大意 Figure out main ideas

There are five paragraphs in the previous reading. The main ideas for three of them are given. Figure out the main ideas for the third and fourth paragraphs.

1. 普通话是中国的北方话。
2. 中国有很多地方话,有的很难懂。
3. _____。
4. _____。
5. 中国政府要求人人学说普通话。

二次阅读练习 Exercises After Second Reading

Read the story carefully this time. Then finish the exercises below.

一、根据课文内容,回答下列问题。(Answer the following questions based on the text.)

1. 汉字的发音在不同的地方话里一样不一样?

2. 上海话是不是北方话？

3. 为什么只会说自己的地方话很不方便？

4. 中国的学校为什么都用普通话上课？

5. 为什么学过汉语的外国人听不懂中国人说的话会不好意思？

6. 中国人说的都是汉语，为什么会互相听不懂呢？

二、判断正误：如果句子不对，请改正。(Mark the following statements true or false based on the text. If it is false, correct it.)

1. _____ 北方人都知道上海话是外语。
2. _____ 学汉语的外国人都要学广东话。
3. _____ 很多中国人听不懂别的地方的地方话。
4. _____ 山东话跟广东话很像。
5. _____ 澳大利亚(Australia)人听不懂英国人说的英语。
6. _____ 美国的南方人听得懂北方人的英语。
7. _____ 中国的学校现在都用普通话上课。
8. _____ 外国人觉得中国人应该听得懂中国话。

三、词语搭配：在B组词中找出与A组词搭配的词或词组。(Collocation：find the proper words or phrases in column B to match those in column A.)

Column A   Column B
1. 世界 _____   A. 不好意思
2. 觉得 _____   B. 一样
3. 互相 _____   C. 城市
4. 一个 _____   D. 上
5. 完全 _____   E. 课
6. 地方 _____   F. 字
7. 上 _____   G. 听不懂
8. 汉 _____   H. 话

完成快速略读及泛读,熟悉下列课文生词,精读课文。
After scanning and extensive reading, learn the following vocabulary before intensive reading.

生词 New Words

1.	普通话	pǔtōnghuà	n.	common language; Mandarin
2.	北方	běifāng	n.	north
3.	南方	nánfāng	n.	south
4.	地方话	dìfānghuà	n.	dialect
5.	难	nán	sv.	difficult; hard
6.	近	jìn	sv.	close; near
7.	好像	hǎoxiàng	adv.	seem; be like
8.	互相	hùxiāng	adv.	each other
9.	问题	wèntí	n.	problem; trouble
10.	奇怪	qíguài	sv.	strange; odd
11.	很少	hěnshǎo	adv.	few; seldom
12.	情况	qíngkuàng	n.	circumstance; situation
13.	听得懂	tīng de dǒng	vp.	can understand (what others said)
14.	完全	wánquán	sv/adv.	complete; entirely
15.	但是	dànshì	conj.	but; however
16.	能	néng	v.	can; be able to; be capable of
17.	对方	duìfāng	n.	the other side; opposing party
18.	发音	fāyīn	n.	pronunciation
19.	所以	suǒyǐ	conj.	therefore; so
20.	不过	búguò	conj.	but; however; only
21.	可能	kěnéng	adv.	probably
22.	政府	zhèngfǔ	n.	government
23.	要求	yāoqiú	v.	require; demand
24.	学校	xuéxiào	n.	school

专有名词 Proper Nouns

山东　　　　　　Shāndōng　　pn.　　Shandong province

综合练习 Comprehensive Exercises

一、写出下列音节的声、韵母。(Write out the missing initials and finals.)

1. x_____　　　　study　　　　sh_____　　　　speak
2. běi f_____　　the North　　běi f_____　　　north wind
3. d_____　　　　many　　　　d_____　　　　　all
4. _____í guài　　strange　　　zháo _____í　　　feel worried
5. _____éng shì　city　　　　_____íng kuàng　situation
6. suī r_____　　although　　　r_____ men　　　people
7. bú g_____　　but; however　bù g_____　　　regardless of
8. _____án　　　　difficult　　　_____án　　　　blue (color)

二、给拼音加汉字或给汉字加拼音。(Write out characters for the *pinyin* and convert characters to *pinyin*.)

1. wánquán　　　　2. fāyīn　　　　3. duìfāng
4. dànshì　　　　　5. wèntí　　　　6. xuéxiào
7. 互相　　　　　　8. 要求　　　　　9. 政府
10. 情况　　　　　11. 近　　　　　12. 普通话
13. 好像　　　　　14. 奇怪　　　　15. 难

三、选择正确答案。(Choose the most appropriate answer for each of the sentences.)

1. 中国人都要学_____。
　　A. 普通话　　　　B. 上海话　　　　C. 南方话

2. 有时候,虽然是两个很近的城市,但是它们的地方话_____。
　　A. 差不多　　　　B. 很不同　　　　C. 不完全一样

3. 很多学过汉语的外国人听不懂中国人说的话,会觉得＿＿＿＿＿＿＿。
   A. 着急　　　　　　B. 奇怪　　　　C. 不好意思
4. 英国人说的英语跟美国人说的英语＿＿＿＿＿＿＿。
   A. 没有不同　　　　B. 完全不同　　C. 有一些不同
5. 在美国,北方人说英文,南方人＿＿＿＿＿＿＿。
   A. 听不懂　　　　　B. 听得懂　　　C. 差不多都不懂
6. 在不同的地方话里,汉字的发音＿＿＿＿＿＿＿。
   A. 很不一样　　　　B. 都一样　　　C. 有一点儿不同
7. 不管在中国的什么地方,要是你写出自己的意思来,别人＿＿＿＿＿＿。
   A. 读不懂　　　　　B. 读得懂　　　C. 不能读
8. 在中国,要是大家都会说普通话,人们做事、生活就＿＿＿＿＿＿＿多了。
   A. 方便　　　　　　B. 难　　　　　C. 便宜

四、选择正确答案。(Choose the most appropriate answer for each of the sentences.)

1. 小王觉得李先生说的日语更＿＿＿＿＿懂＿＿＿＿＿。(难)
2. 中国人的生活比以前＿＿＿＿＿好＿＿＿＿＿。(多了)
3. 大家每天在一起,应该＿＿＿＿＿＿帮助＿＿＿＿＿＿。(互相)
4. 我总是听不懂＿＿＿＿＿＿汉语＿＿＿＿＿＿。(她说的)
5. 三、四十年前,中国人＿＿＿＿＿＿有机会＿＿＿＿＿＿去外国旅行＿＿＿＿＿＿。(很少)

五、组词成句。(Make sentences by using the following words.)

1. 难　汉语　觉得　学　你们　吗
2. 南方　很大的　和　北方　不同　有
3. 没　你　听懂　我　意思　的
4. 干净　小林　多了　的　现在　宿舍
5. 可能　过　日语　他　学　没有
6. 很近　从　他们家　到　去　学校

六、讨论与写作。(Discussion and writing.)

1. Discuss the following situation with your classmates.
   因为中国政府要求人人都要会说普通话,学校也用普通话上课,现在在中国,很多孩子差不多都不会说他们的地方话了。你说这是不是一件好事？为什么？如果你觉得这不是好事，你有什么办法解决(jiějué, solve)这个问题？在你们国家或者别的国家，有没有这样的情况？请跟你的同学谈谈。

2. Write a paragraph introducing languages (standard language and dialects) of your country.（写一段话，介绍一下你们国家的语言。）

 TIPS OF THE LESSON 加油站

Mathematics is not hard!
数学不难

课	kè	class
上/下课	shàng kè	attend class; go to class; finish class
一门课	yì mén kè	course
学分	xuéfēn	credit
学期	xuéqī	term; semester
系	xì	department; faculty
专业	zhuānyè	special field of study; major
本科生	běnkēshēng	undergraduate student
研究生	yánjiūshēng	graduate student
博士生	bóshìshēng	Ph.D. candidate
数学	shùxué	mathematics
文学	wénxué	literature
语言学	yǔyánxué	linguistics
图书馆学	túshūguǎnxué	library science
心理学	xīnlǐxué	psychology
经济学	jīngjìxué	economics
法律学	fǎlǜxué	law
生物学	shēngwùxué	biology
化学	huàxué	chemistry
物理	wùlǐ	physics

| 哲学 | zhéxué | philosophy |
| 政治学 | zhèngzhìxué | political science |

Exercises on tips of the lesson（练习）

1. 你几点上中文课？几点下课？
2. 你们学校一年有几个学期？上个学期你有几门课？
3. 你现在有没有专业？如果有，你的专业是什么？
4. 你是本科生还是研究生？在你们学校，本科生比研究生多吗？
5. 很多人觉得数学很难，你觉得什么难学？
6. 现在在你们国家，大学生都喜欢学什么专业？为什么？
7. 你一个学期最多可以上多少个学分的课？
8. 你对什么有兴趣？你希望将来做什么工作？为什么？
9. 如果你要毕业，你得学完多少门课？要有多少个学分？

第 六 课
CHAPTER SIX

 读前练习 Exercises Before You Read

Oral Practice（口语练习）：第一次出国

Have you ever been to other countries?（你去过别的国家吗？）

1. If yes, when was the first time you went abroad? What preparation did you do before you go? How long had you stayed in that country? Do you like to visit there again and why?

2. If you have never visited other countries, do you plan to go abroad in the future? If yes, where do you want to go? Why do you want to go there?

1 出国以前

上中学的时候,我突然对中国文化有了很大的兴趣。从那时候起,我就喜欢学中文了。我们的高中有中文课,除了上中文课以外,我还读了很多介绍中国的书,看了不少中国电影。朋友们都说,我上一辈子如果不是中国人,也一定跟中国人有不平常的关系。

上了大学以后,我学的是中国历史。我对中国了解得越多,就越希望自己有一天能到中国去,看一看古

老的西安,到有名的长城上去走走,尝尝广州的小吃,听听有名的京剧。

现在,机会来了。半年以前,我们学校决定每年送两名学中国历史的学生去北京留学,我很幸运,得到了这个机会。再过两个星期,我就在中国了。我非常激动,把这个好消息打电话告诉了父母和我所有的朋友,他们都为我高兴。

这几天,我开始做出国留学的准备了。昨天下午,我去商店买了一些常用的东西。到中国以后,我会跟一个中国家庭一起住,我想我应该给他们买一点礼物。买什么礼物好呢?我虽然学了很多年中文,也很了解中国的历史,可是对中国人送礼物的习惯还是不太清楚,也许我应该问问我的中文老师。

下个星期,我的好朋友会来送我,我父母也要请我去吃一顿很好的美国饭。他们说,到了中国以后,我一定不容易吃到美国饭。其实我一点儿都不怕吃不到美国饭,现在我只有一个想法,那就是早一点儿到中国去,看看中国人的生活。

快速略读练习 Scanning Reading Exercises

Read the sentences below. Then quickly look through the reading 出国以前 to find the answers. Do not try to read every word. Pay attention to the contexts relevant to the questions only.

1. _____ 的时候,我对中国文化有了很大兴趣。
2. _____ 以后,我学的是中国历史。
3. _____,我们学校决定每年送两名学中国历史的学生去北京留学。
4. _____,我就在中国了。
5. _____,我去商店买了一些常用的东西。
6. _____,我的好朋友会来送我。

1 首次阅读练习 Exercises After First Reading

Now read the story again for the main idea. Do the exercise after reading.

排列事件顺序 Sequence Exercise

Based on the reading, put the following events in the correct order by numbering them from 1 to 6.

_____ 我开始做出国留学的准备了。

_____ 我父母要请我去吃一顿美国饭。

_____ 听说我得到了去中国的机会,父母和朋友们都为我高兴。

_____ 我在大学里学的是中国历史。

_____ 我对中国文化有了很大的兴趣。

_____ 我得到了去中国留学的机会。

2 二次阅读练习 Exercises After Second Reading

Read the story carefully this time. Then finish the exercises below.

一、根据课文内容,回答下列问题。(Answer the following questions based on the text.)

1. 上中学的时候,我对什么有了很大的兴趣?

2. 我在高中的时候读了很多介绍中国的书吗?为什么?

3. 我去过中国的长城吗?如果去过,是什么时候去的?

4. 我们的大学以前送不送学中国历史的学生去北京留学?

5. 知道我要去中国留学以后,我父母高兴不高兴?

6. 我了解不了解中国人的送礼习惯?

二、判断正误：如果句子不对，请改正。(Mark the following statements true or false based on the text. If it is false, correct it.)

1. _____ 我们的高中没有中文课。
2. _____ 在高中，虽然我没有上中文课，可是我看了不少中国电影。
3. _____ 在大学里，我对中国了解得更多了。
4. _____ 上高中的时候，我的朋友们都不知道我对中国文化有兴趣。
5. _____ 到中国以后，我要住在学校的宿舍里。
6. _____ 我学了很多年中文，可是还不太了解中国的历史。
7. _____ 我父母觉得中国没有很多美国饭馆。
8. _____ 我想我的中文老师一定知道买什么礼物好。

三、词语搭配：在B组词中找出与A组词搭配的词或词组。(Collocation: find the proper words or phrases in column B to match those in column A.)

Column A
1. 得到 _____
2. 送 _____
3. 做 _____
4. 听 _____
5. 打 _____
6. 出 _____
7. 去 _____
8. 问 _____

Column B
A. 机会
B. 国
C. 京剧
D. 商店
E. 礼物
F. 准备
G. 电话
H. 问题

> 完成快速略读及泛读，熟悉下列课文生词，精读课文。
> After scanning and extensive reading, learn the following vocabulary before intensive reading.

87

生词 New Words

1. 出国	chū guó	vo.	go abroad
2. 突然	tūrán	adv.	suddenly
3. 文化	wénhuà	n.	culture
4. 从……起	cóng...qǐ	prep.	from
5. 高中	gāozhōng	n.	high school
6. 一辈子	yíbèizi	n.	one's lifetime
7. 平常	píngcháng	sv.	common; ordinary
8. 关系	guānxi	n.	relation; connection
9. 了解	liǎojiě	v.	understand; comprehend
10. 越……越……	yuè...yuè...	adv.	the more...the more...
11. 长城	Chángchéng	n.	the Great Wall
12. 尝尝	chángchang	vp.	taste; try
13. 小吃	xiǎochī	n.	snack; refreshment
14. 京剧	jīngjù	n.	Peking opera
15. 名	míng	m.	measure word
16. 留学	liúxué	vo.	study abroad
17. 幸运	xìngyùn	sv.	lucky
18. 得到	dédào	v.	get; obtain; receive
19. 激动	jīdòng	sv.	excited
20. 消息	xiāoxi	n.	news; message
21. 所有	suǒyǒu	sv.	all
22. 准备	zhǔnbèi	n./v.	preparation; prepare
23. 下午	xiàwǔ	n.	afternoon
24. 商店	shāngdiàn	n.	store; shop
25. 家庭	jiātíng	n.	family
26. 清楚	qīngchu	sv.	clear; understand
27. 顿	dùn	m.	measure word
28. 怕	pà	v.	be afraid of; fear
29. 早	zǎo	sv.	early

专有名词 Proper Nouns

| 西安 | Xī'ān | pn. | Xi'an (a city in China) |
| 广州 | Guǎngzhōu | pn. | Guangzhou (a city in China) |

综合练习 Comprehensive Exercises

一、给拼音加汉字或者声调。(Write out characters for the *pinyin* and add tone marks to *pinyin*.)

1. wenhua
2. guanxi
3. Chángchéng
4. gǔlǎo
5. xiāoxi
6. píngcháng
7. lǐwù
8. xíguàn
9. shāngdiàn
10. róngyi
11. xǐhuan
12. jiātíng
13. zhunbei 准备
14. jidong 激动
15. liaojie 了解
16. qingchu 清楚
17. jingju 京剧
18. xingyun 幸运
19. liuxue 留学
20. turan 突然
21. chuguo 出国

二、汉字练习。(Write out words that contain the following radicals.)

Example：木 (wood)：<u>树　机会　李　一样</u>

口 (mouth)：____　____　____　____

忄(heart)：____　____　____　____

土 (soil)：____　____　____　____

亻(person)：____　____　____　____

女 (female)：____　____　____　____

氵(water)：____　____　____　____

三、选择正确答案。(Choose the most appropriate answer for each of the sentences.)

1. 这里_____的电脑都是去年买的。
   A. 都　　　　B. 一切　　　　C. 所有

2. 那个孩子从去年＿＿＿＿就不喜欢念书了。
　　A. 一起　　　　B. 起　　　　C. 起来

3. 除了中国菜＿＿＿＿，他还会做法国菜。
　　A. 以外　　　　B. 以后　　　　C. 以前

4. ＿＿＿＿两个月，那所大楼就建好了。
　　A. 过再　　　　B. 在　　　　C. 再过

5. 我的好朋友下个月就要结婚了，我真＿＿＿＿他高兴。
　　A. 为　　　　B. 给　　　　C. 对

6. 你＿＿＿＿，这个菜真的有一点儿咸（xián：salty）。
　　A. 吃吃　　　　B. 尝尝　　　　C. 常常

7. 听说在有些地方，人们每天吃五＿＿＿＿饭。
　　A. 个　　　　B. 座　　　　C. 顿

8. 张老师＿＿＿＿以前就到德国去了。
　　A. 一半年　　　　B. 半个年　　　　C. 一年半

9. 我们＿＿＿＿个星期没有课，我可以跟你去南方旅行。
　　A. 下　　　　B. 上　　　　C. 后

10. 虽然他是日本人，＿＿＿＿他不会说日文。
　　A. 可以　　　　B. 可是　　　　C. 只是

四、选词填空。(Fill in the blanks with the most appropriate words.)

可能　也许　一定　决定　完全　突然　虽然　除了　休息　消息

1. 这件事，＿＿＿＿王老师以外，别人都知道。
2. 那些中文书很＿＿＿＿是老李昨天买的。
3. 那位老先生说的话，我＿＿＿＿听不懂。
4. 他不是一直说不想去玩儿吗？今天为什么＿＿＿＿想去了？
5. 如果你明天要早起，今天就应该早一点儿＿＿＿＿。
6. 小张，这件事你＿＿＿＿不要着急，我们大家都会帮助你。
7. 我要告诉你一个好＿＿＿＿，老王很快就要结婚了。
8. 你＿＿＿＿什么时候到法国去旅行？
9. 我也不知道她想不想来，＿＿＿＿你应该先给她打一个电话。
10. 你别说了。＿＿＿＿他很有钱，可是他人不好，我不想跟他一起生活。

五、把所给词语填入适当位置。(Insert each of the given words into the appropriate position.)

1. 我们学校每年送_____三名学生去_____日本_____。（留学）
2. 小李说两年以前,他就_____不_____跟父母一起_____了。（住）
3. 你去中国的时候,可以给我_____买_____好茶_____吗?（一点儿）
4. 我们_____一点儿_____都不了解_____。（对他）
5. 你越不想告诉他,_____他_____想知道_____。（越）
6. 在这种地方一定_____买到_____咖啡_____。（不容易）

六、组词成句。(Make sentences by using the following words.)

1. 他 奇怪 生活 习惯 非常 的
2. 早 中国 一点儿 希望 去 我
3. 人 所有 都 认识 的 王老师
4. 得到了 机会 谁 去法国 留学 的
5. 很了解 学生们 学习 老师 的 情况
6. 这个消息 父母 你 把 应该 告诉

七、讨论与写作。(Discussion and writing.)

1. Discuss these questions with your classmates.（讨论下列问题）

1) 你对什么很有兴趣?请跟你的同学说一说。
2) 你看过中国电影吗?请谈谈你最喜欢的中国电影。
3) 你出过国吗?你第一次出国以前做了哪些准备?为什么?
4) 你了解你们国家的送礼习惯吗?请给你的同学介绍一下。
5) 你听说过中国的京剧吗?请跟你的同学谈一谈。

2. Writing（写作练习）

Discuss one of the previous topics in writing and turn it in. (写下以上其中之一的讨论并交上来)

 读前练习 Exercises Before You Read

Oral Practice（口语练习）：我喜欢的一所学校
请给你的同学介绍一下你喜欢的一所学校的情况。你可以说一说下面几点：

1. 这所学校在哪个城市？学校附近有什么？
2. 学校大不大？有多少学生和老师？
3. 这所学校里的风景怎么样？为什么？
4. 学生在哪儿上课、吃饭？
5. 学校有宿舍吗？宿舍附近有什么？这些宿舍怎么样？
6. 学校里有没有商店、书店和饭馆？如果有，它们在什么地方？

2　北京大学

北京是中国的首都。北京城的西北部，有一所有名的大学，它就是北京大学。

北京大学校园很大，风景也很美。它的东面、南面和西面都有校门。从西门进来，往东走不远就有一个小湖，名字叫未名湖。未名湖在校园的中北部，湖边有花，有草，也有树，风景很美。很多学生喜欢到湖边来，在这儿看看书，跟朋友聊天，或者想想问题。

校园的南部是学生的生活区。这里除了饭馆、书店和商店以外，还有邮局、银行和酒吧。生活区里还有很多宿舍楼和食堂。另外，这里也有一个医院。

北京大学有很多教学楼。有的教学楼看上去好像是古代的宫殿，非常漂亮。学生每天在这里上课，楼前面总是人来人往，很热闹。北京大学的图书馆也很有名。以前校园里只有一个比较大的图书馆，1998年大学建校一百年的时候，学校在这个图书馆东边又建了一个大图书馆。北大的图书馆里有很多好书：古代的，现代的，中文的，外文的都不少。图书馆的西边有一些古老的小楼，那里是老师们的办公室。

每年都有很多人从世界各地到北

92

京大学来学习,他们有中国人,也有外国人。校园的西部有一些新楼,那里是外国学生的宿舍。以前,外国学生到北京大学来主要是学中文;现在,他们到这里来不只是学语言,也学习历史、文学、法律和科学等。今天,到北京大学来学习的外国人越来越多了。

快速略读练习 Scanning Reading Exercises

Read the sentences below. Then quickly look through the reading 北京大学 to find the answers. Do not try to read every word. Pay attention to the contexts relevant to the questions only.

1. ＿＿＿＿＿＿是中国的首都。
2. 未名湖在校园的＿＿＿＿＿＿。
3. 北京大学的东面、南面和西面都有＿＿＿＿＿＿。
4. 校园的＿＿＿＿＿＿是学生的生活区。
5. 1998年是北京大学建校＿＿＿＿＿＿年。
6. 每年有很多人从＿＿＿＿＿＿到北京大学来学习。

首次阅读练习 Exercises After First Reading

Now read the story again for the main idea. Do the exercise after reading.

选择正确答案 Choose the correct answers

1. 北京大学是一所＿＿＿＿的大学。 A. 有名　B. 奇怪　C. 没有名
2. 北京大学＿＿＿＿留学生宿舍。　 A. 没有　B. 有　　C. 只有
3. 大学的校园里没有＿＿＿＿。　　 A. 湖　　B. 商店　C. 庙
4. 现在大学里有＿＿＿＿大图书馆。 A. 一个　B. 两个　C. 三个
5. 学生的生活区没有＿＿＿＿。　　 A. 饭馆　B. 商店　C. 宫殿
6. 老师们的办公室在学校＿＿＿＿。 A. 里面　B. 外面　C. 附近

二次阅读练习 Exercises After Second Reading

Read the story carefully this time. Then finish the exercises below.

一、根据课文内容，回答下列问题。(Answer the following questions based on the text.)

1. 北京大学在北京城的什么地方？

2. 校园的风景怎么样？

3. 很多学生喜欢到湖边去做什么？

4. 大学图书馆里的外文书多不多？

5. 北京大学的新图书馆大不大？它是什么时候建的？

6. 北京大学的留学生都是从哪儿来的？他们来这里学习什么？

二、判断正误：如果句子不对，请改正。(Mark the following statements true or false based on the text. If it is false, correct it.)

1. _____ 大学的图书馆里的书都是现代的，没有古代的。
2. _____ 北京大学已经有一百多年的历史了。
3. _____ 以前，留学生到北京大学来主要是学中文。
4. _____ 现在，到北京大学来学习的外国人比以前多。
5. _____ 北京大学有两个很大的教学楼。
6. _____ 以前校园里有一个酒吧，现在没有了。
7. _____ 北京大学是中国的首都。
8. _____ 虽然北京大学校园不大，可是风景很美。

三、写出下列词的反义词。(Write out the antonyms for the following words.)

现代 _____　　　　南面 _____

远 _____　　　　　以前 _____

来 _____　　　　　老 _____

西部 _____　　　　里 _____

完成快速略读及泛读，熟悉下列课文生词，精读课文。

After scanning and extensive reading, learn the following vocabulary before intensive reading.

生词 New Words

1. 首都	shǒudū	n.	capital
2. 部	bù	n.	part
3. 校园	xiàoyuán	n.	campus
4. 东面	dōngmian	n.	east
5. 校门	xiàomén	n.	school gate
6. 进来	jìnlái	v.	come in
7. 区	qū	n.	area; district; region
8. 书店	shūdiàn	n.	bookstore
9. 邮局	yóujú	n.	post office
10. 酒吧	jiǔbā	n.	bar
11. 食堂	shítáng	n.	dining hall; dining room
12. 另外	lìngwài	conj.	in addition
13. 医院	yīyuàn	n.	hospital
14. 教学	jiàoxué	n.	teaching
15. 宫殿	gōngdiàn	n.	palace
16. 人来人往	rénláirénwǎng	ie.	people coming and going in great numbers
17. 图书馆	túshūguǎn	n.	library

第六课

18. 又	yòu	adv.	again
19. 办公室	bàngōngshì	n.	office
20. 各地	gèdì	n.	everywhere
21. 新	xīn	sv.	new
22. 主要	zhǔyào	adv./sv.	mostly; main
23. 文学	wénxué	n.	literature
24. 法律	fǎlǜ	n.	law
25. 科学	kēxué	n.	science
26. 等	děng	p.	and so on

专有名词 Proper Nouns

未名湖　　　　　　Wèimínghú　　pn.　　the Unnamed Lake

综合练习 Comprehensive Exercises

一、给拼音加汉字或者声调。(Write out characters for the *pinyin* and add tone marks to *pinyin*.)

1. dōngmiàn　　　2. xiàomén　　　3. wénxué
4. nánbù　　　　5. shūdiàn　　　6. xiàoyuán
7. yínháng　　　8. gǔdài　　　　9. rènao
10. sùshè　　　　11. shàngkè　　　12. fēngjǐng
13. shitang 食堂　14. bangongshi 办公室　15. tushuguan 图书馆
16. falü 法律　　17. shoudu 首都　　18. youju 邮局
19. lingwai 另外　20. yiyuan 医院　　21. kexue 科学

二、汉字练习。(Write out words that contain the following radicals.)

Example：　　　木（wood）：<u>树　机会　李　一样</u>

辶（run）：＿＿＿　＿＿＿　＿＿＿　＿＿＿

彳（walk slowly）：＿＿＿　＿＿＿　＿＿＿　＿＿＿

讠(speak): _____ _____ _____ _____ _____

艹(grass): _____ _____ _____ _____ _____

力(strength): _____ _____ _____ _____ _____

宀(roof): _____ _____ _____ _____ _____

三、选择正确答案。(Choose the most appropriate answer for each of the sentences.)

1. 北京在中国的东_____。
   A. 边   B. 部   C. 方

2. 那个湖的北_____没有大高楼。
   A. 边   B. 部   C. 方

3. 那所医院的南边_____一家饭馆,一个图书馆和一个邮局。
   A. 有   B. 在   C. 有的

4. 这个地方每天都是_____的,非常热闹。
   A. 人来去   B. 人来人往   C. 人来人去

5. 你去买一点菜和水果,_____,再买两瓶法国酒。
   A. 以外   B. 别的   C. 另外

6. 要是你身体不好,就应该去_____看看。
   A. 医院   B. 公园   C. 校园

7. 小明,外面太冷了,别在外面玩儿了,快_____吧。
   A. 去进   B. 来进   C. 进来

8. _____好像要下雨,我们马上回家吧。
   A. 看上去   B. 看上来   C. 看去

9. 如果你要去图书馆,你可以从这里一直_____。
   A. 走往东   B. 往东走   C. 往走东

10. 现在,有汽车(car)的中国家庭_____了。
    A. 越来越多   B. 越多越来   C. 越来越

四、填空后根据短文画地图。(Fill in the blanks with given words and draw a map of the school according to the description.)

1. 古老   2. 教学   3 一直   4. 宿舍   5. 办公室   6. 建

这是美国哥伦比亚(Columbia)大学的校园。这所大学不很大,可是很有名。

97

校园的中间（zhōngjiān, middle）有一个_____的办公楼。办公楼的南边有一条路，叫大学路。大学路不太长(cháng, long)，它从学校的东门_____到西门。校园的南部有一所大楼，它是学校最大的图书馆。图书馆的西边是学生中心（zhōngxīn, center），这个学生中心是1998年左右_____的。图书馆的东边有一个楼，楼里有食堂，也有学生_____，图书馆的东北边还有一些古老的教学楼。办公楼的东边，有一个小教堂（jiàotáng, chapel），教堂的东边、南边和北边都有大楼，中文老师的_____就在南边的那个大楼里。办公楼的西边、北边，西南边跟西北边也有不少楼，它们有的是_____楼，有的是办公室。

五、 把所给词语填入适当位置。(Insert each of the given words into the appropriate position.)

1. _____宿舍楼_____是_____一家银行和一个图书馆。（西边）
2. 如果你_____进来_____，你就可以看到那个小湖_____。（从北门）
3. 我每天_____跟她聊天_____想练习_____说中文。（主要是）
4. 每天有很多人_____从_____世界_____到中国旅行。（各地）
5. 我妈妈希望_____我们每天都_____吃晚饭_____。（在家里）
6. _____他们每个星期_____上_____四天课。（只）

六、 组词成句。(Make sentences by using the following words.)

1. 的 书店 饭馆 北边 是 外文
2. 总是 很 那家 酒吧 热闹 里面
3. 中国 上海 的 东 在 部
4. 小林 湖 喜欢 去 边 看书
5. 他 到中国 历史 中国 主要是 学习
6. 从这儿 东 走不远 一个饭馆 往 有

七、讨论与写作。(Discussion and writing.)

1. Discuss these questions with your classmates.（讨论下列问题）

1) 你是在什么地方上的中学(大学)？

2) 这所学校有几个图书馆？图书馆里的书多不多？有中文书吗？

3) 学校的校园大不大？它跟别的校园有什么不同？

4) 你在这个学校的时候,学生们喜欢做什么？为什么？

5) 学校的老师住在学校附近吗？你去过老师的家吗？

6) 这所学校有没有留学生？如果有,哪个国家的人最多？为什么？

7) 你觉得这所学校怎么样？为什么？

8) 中国的校园跟你们国家的校园有什么不一样的地方？

2. Writing 写作练习

Discuss one of the previous topics in writing and turn it in.(写下以上其中之一的讨论并交上来）

    TIPS OF THE LESSON 加油站

It's a wonderful day
今天天气真好

气候	qìhòu	climate
温度	wēndù	temperature
度	dù	(measure) degree
阴天	yīntiān	overcast sky; cloudy day
晴天	qíngtiān	fine day; sunny day
季节	jìjié	season
春	chūn	spring
夏	xià	summer
秋	qiū	autumn; fall
冬	dōng	winter
闷热	mēnrè	hot and suffocating; sultry; muggy

潮湿	cháoshī	moist; damp
干燥	gānzào	dry; arid
凉快	liángkuai	nice and cool; pleasantly cool
下雨/雪	xià yǔ/xuě	rain/snow
太阳	tàiyáng	sun
月亮	yuèliàng	moon
风	fēng	wind
云	yún	cloud
雾	wù	fog
闪电	shǎndiàn	lightening
打雷	dǎléi	thunder
低/高	dī/gāo	low/high

◆ **Exercises on tips of the lesson**（练习）

1. Read the following passage and answer the questions.（读后回答问题）

今天白天天气晴，闷热，最高温度34度（34℃）；今天夜间天气阴，最低温度26度。明天白天天气阴，下午有中到大雨，最高气温30度。明天夜间晴，最低气温22度。

1）现在很可能是什么季节？
2）今天天气怎么样？凉快不凉快？
3）明天的温度比今天的温度高吗？
4）明天天气好不好？为什么？
5）今天和明天都是阴天吗？
6）哪天晚上天气比较好？
7）要是你这两天一定要去买东西，你觉得哪天去比较好？为什么？

2. Ask one of your classmates the following questions.（讨论下列问题）

1）你最喜欢一年的哪一个季节？为什么？
2）下雨的时候，人是先听到打雷的声音还是先看到闪电？为什么？
3）你们家那儿的气候怎么样？请跟你的同学说一说。
4）什么季节会下雪？你喜欢下雪天吗？为什么？
5）谈一谈你喜欢的一个地方的气候。

第七课
CHAPTER SEVEN

 读前练习 Exercises Before You Read

Oral Practice（口语练习）：写信(writing a letter)
1. 你常常写信吗？你给谁写过信吗？
2. 你的第一封(fēng)信是用哪一种语言写的？是给谁写的？
3. 现在电话和电子邮件越来越方便了，将来还会有人写信吗？为什么？
4. 如果大家都不写信了，还会有邮局吗？
5. 你用中文写过信吗？用中文写信跟用别的语言写信有没有不同？

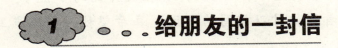 **1 给朋友的一封信**

文东、秋月：

　　你们好。京京也好吗？时间过得真快，来美国已经半年了，一直忙，没给你们写信，请原谅。

　　过去的这六个月，是我们非常难忘的日子。它让我们知道了到一个新的国家去生活不容易。刚来的时候，我觉得自己学过很多年英文，对我来说，语言不应该是一个问题。可是来了以后才知道，在国内虽然学了很长时间的英文，但是听和说练习得还是不够。另外，我们来了以后马上就开始工作了。每天除

101

了上班以外,还有很多别的事情要做,所以总是觉得休息得不够。

刚来不久,我们林林就开始上学了。学校用英文上课,他一点儿都听不懂。我跟雪英也没有很多时间帮助林林,林林急得哭了,我们心里也觉得很苦。有时候想想,真不知道应该不应该留在这里。

最近好多了。为了有更多的时间跟林林在一起,雪英两个星期以前决定每天只工作半天了。现在,我每天跟林林回家的时候,雪英已经在家,我们也可以常吃中国饭了。记得在北京的时候,林林很喜欢去麦当劳吃饭,现在他真怕我们带他去麦当劳。能天天吃中国饭,我们很高兴。林林的英文进步得很快,他也交了一些新朋友,看得出来,他开始习惯而且喜欢这里的生活了。

我的工作还是跟电脑有关系,收入不错,可是比在国内的时候忙多了。有时候在公司做不完的工作,还要带回家在晚上或者周末做。工作虽然忙一点儿,但是我对它有兴趣,所以也就不觉得累了。这儿有很多跟中国不一样的地方,下次写信的时候再慢慢谈吧。

随信给你们寄去一张照片,这是在我们住的这所大楼前面照的,我们住在四楼。跟中国不同的是,在美国,住房比较贵,很多钱都花在房租上,可是吃的东西很便宜。这里的水果很大,也很新鲜。

上次跟文东打电话,知道秋月现在又开始写小说了。我们在这儿的图书馆里也能看到秋月以前写的小说。真希望秋月早一点写完,我们可以很快读到它。

　　祝
春安!

　　　　　　　　　　　　　　　　　　　　海生
　　　　　　　　　　　　　　　　　　　2003年3月12日

 快速略读练习　Scanning Reading Exercises

Read the sentences below. Then quickly look through the reading 给朋友的一封信 to find the answers. Do not try to read every word. Pay attention to the contexts relevant to the questions only.

1. 我们来美国已经_____年了。

2. 刚来到不久，我们林林就开始_____了。

3. 雪英_____个星期以前决定每天只工作半天了。

4. 我的工作还是跟_____有关系。

5. 我们住在_____楼。

6. 上次给文东打电话，知道秋月又开始写_____了。

1 首次阅读练习 Exercises After First Reading

Now read the story again for the main idea. Do the exercise after reading.

排列事件顺序 Sequence Exercise

Put the following events in the order that they appeared in the reading by numbering them from 1 to 7.

_____ 时间过得真快，我们来美国已经快半年了。

_____ 听说秋月又开始写小说了，希望早一点读到她的小说。

_____ 学校用英文上课，我们林林一点儿都听不懂。

_____ 我的工作很忙，但是我对它很有兴趣。

_____ 随信给你们寄去一张照片。

_____ 林林交了一些新朋友，开始喜欢这里的生活了。

_____ 来美国以后才知道，我的英文还是有问题。

2 二次阅读练习 Exercises After Second Reading

Read the story carefully this time. Then finish the exercises below.

一、根据课文内容，回答下列问题。(Answer the following questions based on the text.)

1. 这封信是谁写的？

2. 写信的人的工作跟什么有关系？

3. 写信的人有没有孩子？如果有，孩子叫什么名字？

4. 写信的人是从什么地方来美国的？

5. 现在雪英为什么只工作半天了？

6. 美国的住房便宜吗？吃的东西怎么样？

二、判断正误：如果句子不对，请改正。(Mark the following statements true or false based on the text. If it is false, correct it.)

1. _____ 在中国的时候，"我"的工作跟电脑有关系。
2. _____ 来美国以前，林林学过很多年的英文。
3. _____ 我们来美国已经六个月了。
4. _____ "我"刚到美国的时候，给文东写过一封信。
5. _____ "我"和林林现在都很喜欢吃中国饭。
6. _____ 虽然现在林林的英文好多了，可是他还是不喜欢美国的生活。
7. _____ "我"现在的工作比在中国的时候忙多了。
8. _____ 美国的水果很大，可是不太新鲜。

三、词语搭配：在B组词中找出与A组词搭配的词或词组。(Collocation: find the proper words or phrases in column B to match those in column A.)

Column A   Column B
1. 时间 _____   A. 很贵
2. 心里 _____   B. 不错
3. 收入 _____   C. 很苦
4. 工作 _____   D. 新鲜
5. 住房 _____   E. 信
6. 水果 _____   F. 完
7. 做 _____   G. 懂
8. 听 _____   H. 照片
9. 写 _____   I. 很长
10. 寄 _____   J. 很忙

完成快速略读及泛读，熟悉下列课文生词，精读课文。
After scanning and extensive reading, learn the following vocabulary before intensive reading.

生词 New Words

1.	封	fēng	m.	measure word (for letter)
2.	信	xìn	n.	letter
3.	原谅	yuánliàng	v.	forgive; excuse
4.	难忘	nánwàng	sv.	unforgetable; memorable
5.	对……来说	duì...láishuō	prep.	to (sth./sb); from...perspective
6.	国内	guónèi	n.	domestic
7.	够	gòu	sv.	enough; adequate
8.	别的	biéde	pron.	other
9.	急	jí	sv.	anxious; irritated
10.	哭	kū	v.	cry; weep
11.	心里	xīnli	n.	in (one's) mind
12.	苦	kǔ	sv.	feel bad; suffering
13.	留	liú	v.	stay
14.	最近	zuìjìn	n.	lately; recently
15.	为了	wèile	prep.	in order to
16.	记得	jìde	v.	remember; recall
17.	进步	jìnbù	v./n.	improve; progress
18.	看得出来	kàn de chūlái	vp.	one can tell; seemingly
19.	收入	shōurù	n.	income; earning
20.	周末	zhōumò	n.	weekend
21.	谈	tán	v.	chat; talk; discuss
22.	随	suí	prep./adv.	along with

23. 寄	jì	v.	send; mail
24. 前面	qiánmian	n.	in front
25. 照	zhào	v.	take (a picture)
26. 楼	lóu	m.	floor
27. 住房	zhùfáng	n.	housing
28. 比较	bǐjiào	adv.	relatively
29. 花	huā	v.	spend
30. 房租	fángzū	n.	rent
31. 新鲜	xīnxiān	sv.	fresh
32. 完	wán	v.	finish
33. 春安	chūn'ān	ie.	have a peaceful spring

专有名词 Proper Nouns

麦当劳　　　　Màidāngláo　　pn.　　McDonald's

综合练习 Comprehensive Exercises

一、给拼音加汉字或者声调。(Write out characters for the *pinyin* and add tone marks to *pinyin*.)

1. shíjiān　　　　2. xiěxìn　　　　3. zhàopiàn
4. xíguàn　　　　5. xiūxi　　　　6. suīrán
7. liànxí　　　　8. bāngzhù　　　　9. zhùfáng
10. kāishǐ　　　　11. fángzū　　　　12. dìfang
13. xinxian 新鲜　　14. shouru 收入　　15. ji 寄
16. zhoumo 周末　　17. jinbu 进步　　18. zuijin 最近
19. nanwang 难忘　　20. jide 记得　　21. ku 苦

二、汉字练习。(Write out words that contain the following radicals.)

Example：木 (wood)：树　机会　李　一样

106

纟(silk)：_____

日(sun)：_____

心(heart)：_____

禾(grain)：_____

火(灬)(fire)：_____

三、选择正确答案。(Choose the most appropriate answer for each of the sentences.)

1. 因为_____,所以我没有买那张画儿。
   A. 不够钱　　　　　B. 钱不够　　　　　C. 没有够钱
2. 我很久没有回国了,所以我不太了解_____的情况。
   A. 内国　　　　　　B. 国里　　　　　　C. 国内
3. 你今天很高兴,大家都_____。
   A. 看得出来　　　　B. 看上去　　　　　C. 看来
4. 这么多事情,你一个人一定_____。
   A. 做不完　　　　　B. 不做完　　　　　C. 做得不完
5. 真的,我的中文比我弟弟的中文_____。
   A. 好极了　　　　　B. 非常好　　　　　C. 好多了
6. 明天我们见面以后_____谈这件事,好吗?
   A. 有　　　　　　　B. 再　　　　　　　C. 又
7. 小张,你知道王老师的办公室在几_____吗?
   A. 个楼　　　　　　B. 所楼　　　　　　C. 楼
8. 这是父母给你买书的钱,你为什么都花_____?
   A. 电脑上　　　　　B. 在电脑上　　　　C. 在电脑
9. 听说这个城市的住房比那个城市的_____。
   A. 贵一点儿　　　　B. 一点儿贵　　　　C. 有一点儿贵
10. _____有钱的人来说,这里的房租很便宜。
    A. 跟　　　　　　　B. 对　　　　　　　C. 为

四、选词填空。(Fill in the blanks with the most appropriate words.)

为了 最近 进步 而且 或者 周末 记得 原谅 留 照

1. _____我一直没有看到老王,他到哪儿去了?
2. 他已经跟你说他错了,你就_____他吧。
3. 这件事不着急,你这个星期_____下个星期做都可以。
4. 林林,你们这张照片是在什么地方_____的?
5. 他说毕业以后,他不想回国。他想_____在北京工作。
6. _____早一点儿写完这本小说,他每天工作到很晚。
7. 我知道他姓张,可是不_____他叫什么名字了。
8. 小李,上个_____你跟谁去公园了?
9. 今天我很高兴,因为我的老师说我的中文有了很大的_____。
10. 我们常到那儿去买水果。那儿的水果很便宜,_____也很新鲜。

五、把所给词语填入适当位置。(Insert each of the given words into the appropriate position.)

1. 要是你_____常常_____休息_____,你就会觉得很累。(不够)
2. 虽然我在日本的时候_____学了_____中文_____,我的中文还是不太好。(很长时间的)
3. 我刚买的这台(tái)电脑_____比以前的那台电脑_____快_____。(多了)
4. 到了上海,我就不常有时间_____跟父母_____吃饭了。(在一起)
5. 这个商店有很多_____跟那个商店_____的东西_____。(一样)
6. 你明天可以不可以_____早_____来上班_____?(一点儿)

六、组词成句。(Make sentences by using the following words.)

1. 花 我 在做饭上 很多 时间 都是
2. 上次 在 这本书 看到了 我 图书馆
3. 真怕 见面 我 跟 现在 他
4. 来说 这个 我 对 不太累 工作
5. 昨天 休息 得 不好 晚上 我
6. 理 多了 比 老师的书 多 我的书

108

七、阅读与写作。(Reading and writing.)

1. Read the letter quickly and answer the following questions. (速读此信并回答问题。)

亲爱的爸爸妈妈:

你们好。奶奶、小妹也都好吧？很想念你们。

来中国上大学已经三个月了,我在这里一切都很好,认识了不少新朋友,中文也进步得很快,请你们放心。

这学期我一共学四门课,除了历史和文学以外,我也学音乐跟书法。这些课都很有意思。妈妈还记得我小时候就想学中国书法吗？现在真的有机会学了,我非常高兴。随信寄去我写的几个毛笔字,请妈妈看看我有多少进步？

我住在学校的宿舍里。屋子有点儿小,不过很新,很干净。我有一个很好的同屋,她也是从意大利(Italy)来的,人很热情,也很聪明,我们常在一起玩儿。她将来想留在中国工作,教中国人意大利文。

白力也很好。他觉得这次来中国念书很不容易,所以学得很努力。我们有时候一起去图书馆看书、做功课。他对我很关心,常常问我有没有什么事要帮忙。

下个星期五就是爸爸的生日了。我真希望能回家去给爸爸过生日。妈妈要做什么好吃的?是不是还要做爸爸喜欢吃的面条(miàntiáo, noodle)？我前几天给爸爸买了一件生日礼物,希望这几天就可以寄到。

谢谢妈妈寄来的书。我觉得这本书很有意思,现在我已经看了差不多三分之一了。小妹申请(shēnqǐng, apply)大学的事怎么样了？上次我给她打电话,她说在写申请信,希望她能上一所很好的大学。

今天就写到这里,我得去上课了。我七月会回家去看你们。

　　祝

身体健康!

　　　　　　　　　　　　　　　　　女儿: 文南
　　　　　　　　　　　　　　　　　四月六日,北京

1) 这封信是谁写的？
2) 写信的人现在住在什么地方？
3) 文南有没有弟弟妹妹？你是怎么知道的？
4) 白力是不是文南的同屋？
5) 文南的宿舍怎么样？

6）下个星期五,文南会不会回家?
7）妈妈寄来的书,文南已经看完了,对不对?
8）这个学期文南在上哪些课?

2. Writing 写作练习

Write a short paragraph with the title "我的同屋——文南"

 读前练习 Exercises Before You Read

Oral Practice（口语练习）：你工作过吗?
1. 你工作过吗?
2. 你做过什么工作?你最喜欢的工作是什么?
3. 你什么时候大学毕业?毕业以后你想做什么?
4. 要是你在找工作,你希望找什么工作?
5. 你觉得教书这种工作怎么样?你想不想教书?
6. 你喜欢在大城市工作还是喜欢在小地方工作?为什么?

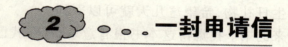 一封申请信

尊敬的李先生：

　　我从您学校的网站上,看到你们找日文老师的广告。我对这个工作很有兴趣,并希望能去南京大学这样的好大学教书。随信寄去我的简历,希望能得到您的录用。

　　我现在是日本东京大学的学生,今年五月就要毕业了,我的专业是教外国人日语。大学二年级的时候,我上过一门中国历史课,这使我对中国历史和文化有了很大的兴趣,所以大学三年级我就开始学中文,现在,一般的中文会话我都没有什么问题。我一直希望有机会去中国生活一段时间,看看中国人的生活,多了

简　历
姓名：张×× 　性别：男
学历：北京大学 　国籍：中国
1994—1995年在北京大学就读。……

解一下中国的历史和文化。

　　在东京上大学的这几年,我前两个夏天都在学校的暑期日文班教课。这不但让我学到了很多书上学不到的东西,而且也让我越来越喜欢教书了。去年夏天,我得到了在北京语言大学教日文的机会,在那里教了九个星期的日文。我在北京的教书生活非常愉快,所以很希望能再去中国教日文。

　　我喜欢教书这个工作,我也有很好的日文知识,学过不少教日语的方法;另外,我也有不少教外国人日文的经验,我相信自己一定能做好这个工作。

　　我的详细情况都已经写在了我的简历中。您如果感兴趣,请随时跟我联系。希望能尽快得到您的回复。

　　　　此致
敬礼!

　　　　　　　　　　　　　　　宫田直
　　　　　　　　　　　　　　　2003年2月12日

我的电子邮件地址是yamafu22@u-tokyo.ac.jp,电话号码是03-5351-0914。

快速略读练习 Scanning Reading Exercises

Read the sentences below. Then quickly look through the reading—一封申请信 to find the answers. Do not try to read every word. Pay attention to the contexts relevant to the questions only.

1. 我希望能去_____大学这样的好大学教书。
2. 我现在是日本_____大学的学生。
3. 我今年_____就要毕业了。
4. 大学_____我开始学中文。
5. 去年夏天,我得到了在北京_____大学教日文的机会。
6. 我的电话号码是_____。

1 首次阅读练习 Exercises After First Reading

Now read the story again for the main idea. Do the exercise after reading.

找出段落大意 Understand Main Ideas

There are five paragraphs in the reading. The main ideas for the first and the last paragraphs are given. Find the main idea for the rest of the paragraphs.

1. 我为什么申请这个工作。
2. _____
3. _____
4. _____
5. 我希望尽快得到您的回复。

2 二次阅读练习 Exercises After Second Reading

Read the story carefully this time. Then finish the exercises below.

一、根据课文内容,回答下列问题。(Answer the following questions based on the text.)

1. "我"大学毕业了没有? 如果没有毕业,什么时候毕业?

2. "我"是怎么知道南京大学要找日文老师的?

3. "我"会不会说中文? 为什么?

4. "我"教过日文吗? 如果教过,教过多久?

5. 去年夏天"我"在什么地方教日文?

6. "我"为什么想到中国去教日文?

二、判断正误：如果句子不对,请改正。(Mark the following statements true or false based on the text. If it is false, correct it.)

1. _____ 我虽然没有教过外国人日文,但是我学过很多日语教学法。
2. _____ 我很喜欢教书这个工作。
3. _____ 我没有去过中国,所以很希望有机会去看看。
4. _____ 大学三年级的时候,我上过中国历史课。
5. _____ 我不会说中文,但是我会写很多中国字。
6. _____ 我在北京语言大学教过九个月的中文。
7. _____ 我希望您早一点儿给我回信。
8. _____ 东京大学没有暑期日文班。

三、在B组中找出与A组中的词意思一样的词。(Find out the meaning of each of the words on the left column based on the reading.)

Column A
1. 广告_____
2. 简历_____
3. 录用_____
4. 会话_____
5. 暑期_____
6. 愉快_____
7. 经验_____
8. 随时_____
9. 号码_____
10. 地址_____

Column B
A. conversation
B. at any moment
C. advertisement
D. pleasant
E. experience
F. address
G. resume
H. number
I. summer time
J. employ

完成快速略读及泛读,熟悉下列课文生词,精读课文。
After scanning and extensive reading, learn the following vocabulary before intensive reading.

生词 New Words

1.	申请	shēnqǐng	n./v.	application; apply
2.	尊敬	zūnjìng	sv.	respect; honor; esteem; venerate
3.	网站	wǎngzhàn	n.	website
4.	找	zhǎo	v.	seek; look for
5.	广告	guǎnggào	n.	advertisement
6.	简历	jiǎnlì	n.	resume
7.	录用	lùyòng	v.	employ; hire
8.	专业	zhuānyè	n.	major
9.	年级	niánjí	n.	grade; year
10.	门	mén	m.	measure word
11.	使	shǐ	v.	make
12.	一般	yìbān	sv.	ordinary; general
13.	会话	huìhuà	n.	conversation; dialogue
14.	段	duàn	m.	segment
15.	前	qián	n.	ago; preceding
16.	暑期	shǔqī	n.	summer vacation
17.	班	bān	n.	class
18.	不但	búdàn	conj.	not only
19.	学到	xuédào	v.	acquire
20.	愉快	yúkuài	sv.	happy; pleased
21.	知识	zhīshi	n.	knowledge
22.	方法	fāngfǎ	n.	method; means
23.	经验	jīngyàn	n.	experience
24.	相信	xiāngxìn	v.	believe; trust
25.	详细	xiángxì	sv.	detailed
26.	中	zhōng	n.	center; middle; interior
27.	感兴趣	gǎn xìngqù	sv.	be interested in
28.	随时	suíshí	adv.	at all times; any time

114

29. 联系	liánxì	v.	contact
30. 地址	dìzhǐ	n.	address
31. 号码	hàomǎ	n.	number
32. 尽快	jǐnkuài	adv.	as soon as possible
33. 回复	huífù	v.	reply
34. 此致	cǐzhì	v.	with greetings
35. 敬礼	jìng lǐ		respectfully yours (letter closure)

专有名词 Proper Nouns

东京   Dōngjīng   pn.   Tokyo

综合练习 Comprehensive Exercises

一、给拼音加汉字或者声调。(Write out characters for the *pinyin* and add tone marks to *pinyin*.)

1. guǎnggào
2. bìyè
3. huìhuà
4. hàomǎ
5. bǐjiào
6. shēnghuó
7. xiāngxìn
8. jiǎnlì
9. dìzhǐ
10. xìngqù
11. lìshǐ
12. zìjǐ
13. zhuanye 专业
14. luyong 录用
15. wangzhan 网站
16. yukuai 愉快
17. shuqi 暑期
18. lianxi 联系
19. jingyan 经验
20. jinkuai 尽快
21. suishi 随时

二、汉字练习。(Write out words that contain the following radicals.)

Example：木 (wood)：<u>树　机会　李　一样</u>

阝(mound)：_____

扌(hand)：_____

夕(sunset)：_____

见(see)：_____

目(eye)：　　　　　　　　　　　　　　　　　　　　　　　

三、选择正确答案。(Choose the most appropriate answer for each of the sentences.)

1. 最近这一_____时间我一直很忙,没有给他写信。
   A. 点　　　　B. 段　　　　C. 期

2. 如果你有问题,可以_____给我打电话。
   A. 随时　　　B. 随信　　　C. 随时候

3. 小英,你上个学期上了几_____课?
   A. 个　　　　B. 间　　　　C. 门

4. 老张_____日文说得非常好,法文也说得很不错。
   A. 但是　　　B. 不但　　　C. 虽然

5. 他很幸运,刚毕业就_____了那家大公司的录用。
   A. 到　　　　B. 得到　　　C. 得

6. 他上次说的那些话_____大家很不愉快。
   A. 是　　　　B. 有　　　　C. 使

7. _____年九月,我不在法国,我在日本留学。
   A. 上　　　　B. 去　　　　C. 下

8. 王老师在这儿教了二十多年的书了,她有很多教外国人中文的_____。
   A. 经验　　　B. 兴趣　　　C. 简历

9. 小姐,你可以告诉我你的电话_____吗?
   A. 马上　　　B. 地址　　　C. 号码

10. 我的法语还可以,_____的会话我都没有什么问题。
    A. 一般　　　B. 一直　　　C. 一下

四、用所给词语填空。(Fill in the blanks with the most appropriate words below.)

知识　相信　尽快　详细　广告　经验　使

1. 那个人虽然读过很多书,可是没有什么工作_____,因为他没有工作过。
2. 你能不能现在就寄给我,我希望_____看到它。
3. 小马不喜欢学法律。她学法律完全是为了_____她父母高兴。
4. 我想请张先生给大家介绍一下这所大学的_____情况。

5. 他说他十六岁就已经大学毕业了,你_____吗?
6. 老张说他们上中学的时候天天玩儿,没有学到什么有用的_____。
7. 我不喜欢看电视(diànshì, television)是因为电视上的_____太多了。

五、把所给词语填入适当位置。(Insert each of the given words into the appropriate position.)

1. 你想了解中国的情况,就应该_____看_____中文书_____。(多)
2. 日本我去过三次,_____两次_____是去玩儿,最后一次是去教书。(前)
3. 李老师_____看过_____英语教学法的书_____。(不少)
4. 跟你一起工作,让我学了很多_____学不到_____的东西_____。(书上)
5. 他说让你给他打电话,你为什么_____不_____跟他_____呢?(联系)
6. 现在,像_____老高_____的好人_____越来越少了。(这样)

六、组词成句。(Make sentences by using the following words.)

1. 相信 有 我 经验 老李 很多
2. 上 没有 我 过 课 中国历史
3. 希望 去 我 看看 有机会 国外
4. 学 的 我 三个小时 中文 每天
5. 教学 学过 英文 两年 法 我
6. 尽快 您 回复 的 得到 希望

七、阅读与写作。(Reading and writing.)

1. Learn the following words before you read the following notes.

请假　qǐngjià　ask for leave　　特此　tècǐ　hereby
条　　tiáo　　note　　　　　　补课　bǔkè　make up missed lessons
病　　bìng　　sick; illness　　留言　liúyán　leave a message
飞机　fēijī　air plane　　　　开会　kāihuì　attend a meeting
票　　piào　　ticket　　　　　离开　líkāi　leave; depart from
后天　hòutiān the day after tomorrow

一 请假条

张老师：

　　您好！昨天我妹妹打电话来，说我妈妈病了。我已经买好了今天下午的飞机票。明天和后天上午的课我都不能上了，特此向您请假。我会想办法找时间自己补课，回来以后我再跟您联系。谢谢。

　　　　　　　　　　　　　　　　　　　　　　学生：马方
　　　　　　　　　　　　　　　　　　　　　　9月29日

二 留言条

王小姐：

　　你好！今天十一点来看你，听说你去开会了，下午才能回来。我后天晚上离开北京。如果你明天有时间，我们一起吃午饭好吗？我的电话号码是309-9320。谢谢。

　　　　　　　　　　　　　　　　　　　　　　王一明
　　　　　　　　　　　　　　　　　　　　　　5月22日

2. 请给你的中文老师写一张请假条：

TIPS OF THE LESSON 加油站

What a beautiful necklace!
这条项链真美

手表	shǒubiǎo	wrist watch	一块(kuài)手表：a wrist watch
眼镜	yǎnjìng	glasses	一副(fù)眼镜：a pair of glasses
戒指	jièzhi	(finger) ring	一枚(méi)戒指：a (finger) ring
项链	xiàngliàn	necklace	一条(tiáo)项链：a necklace
耳环	ěrhuán	earrings	一副耳环：a pair of earrings
衣服	yīfu	clothes	一套(tào)衣服：a suit of clothes
上衣	shàngyī	jacket	一件(jiàn)上衣：a jacket
裤子	kùzi	trousers; pants	一条裤子：a pair of pants
裙子	qúnzi	skirt	一条裙子：a skirt
领带	lǐngdài	necktie; tie	一条领带：a necktie
腰带	yāodài	waist band; belt	一条腰带：a belt
帽子	màozi	hat; cap	一顶(dǐng)帽子：a hat
围巾	wéijīn	muffler; scarf	一条围巾：a scarf
手套	shǒutào	gloves	一副手套：a pair of gloves
袜子	wàzi	socks; stockings	一双(shuāng)袜子：a pair of socks
鞋	xié	shoes	一双鞋：a pair of shoes

戴(dài：to wear；to put on) 手表/眼镜/戒指/项链/耳环/帽子/围巾/手套

穿(chuān：to wear；to put on) 衣服/上衣/裤子/裙子/袜子/鞋

打(dǎ：to tie；to put on) 领带

系(jì：to tie；fasten；button up) 腰带

Exercises on tips of the lesson（练习）

1. 回答问题：Answer the following questions.

1）你戴眼镜吗？你有几副眼镜？

2）在你们国家，结了婚的人应该戴戒指吗？

3）你有没有项链？你戴耳环吗？为什么？

4）你知道你穿多少号的鞋吗？

5）冬天你戴帽子吗？你戴不戴手套？

6）你有没有手表？你的手表贵不贵？

2. 口语练习：Complete the following dialogue with one of your classmates 完成会话

售货员(salesperson)：今天想买点儿什么？

顾客(customer)：我想买一双鞋，也想买一副手套。

售货员：……

第 八 课
CHAPTER EIGHT

 读前练习 Exercises Before You Read

Oral Practice（口语练习）：我喜欢的动物（dòngwù, animal）
1. 你最喜欢哪些动物？要是你不知道动物的中文名字,画给你的同学看。
2. 你为什么喜欢这些动物？
3. 你觉得动物的感情(gǎnqíng, feelings)跟人的感情一样吗？为什么？
4. 世界上哪种动物最大？这种动物主要吃什么？
5. 你们国家哪种动物比较多？这种动物喜欢吃什么？
6. 你见过驴子(lǘzi, donkey)吗？驴子喜欢吃什么？
7. 你怕哪种动物？你怕不怕老虎(lǎohǔ, tiger)？为什么？

1　驴子和老虎

　　古书上说,以前中国的西南部没有驴子。那儿的人都没有见到过驴子。一天,有人买了一头驴子,用船把它带到了那个地方。人们见到了驴子,觉得它的样子很奇怪,也很可怕,就把它送到了山里。

　　人们害怕驴子,大山里的老虎早就听说了。现在人们把驴子送到了山里,老虎吓坏了。它又害怕又生气：人们怎么能把这么可怕的动物送到山里来呢？驴子来到山里,山里别的动物怎么办呢？以前,老虎是山里的大王,可是驴子来了以后,谁会是山里的大王呢？

　　这一天,老虎终于见到了驴子。驴子有两只大耳朵,比老虎的耳朵大多了。驴子的个子也比老虎高。驴子的样子很安静,老虎远远地看着它,觉得它像一个神,马上吓跑了。

过了一会儿,老虎又回来了。这一次它躲在一棵大树后面,慢慢地看驴子。看了一会儿,觉得很难知道驴子的本领,它就开始很小心地走到驴子旁边。驴子看到了老虎,没有理它,老虎更害怕了。

过了一天,老虎又来看驴子,这次驴子看见了老虎,它生气了,大叫了一声。驴子的叫声很大,也很奇怪。老虎从来没有听过驴子叫,听到这种声音,它吓得马上就跑,跑得跟风一样快。

老虎跑了很远,停了下来,它想,我是不是已经死了?它摸摸自己的头,谢天谢地,还在。老虎吓得跑回家去,睡了三天。到了第四天,它还想再去看看驴子在做什么。

这次他没有马上到驴子旁边去。它先在很远的地方看了半天,没有看出它有什么特别的本领。后来,它又听到了驴子的叫声,这次,老虎觉得这叫声不那么可怕了。看了整整一天,老虎觉得已经很熟悉驴子了,它就慢慢走到了驴子的身边,驴子马上大叫起来。老虎没有害怕,但是老虎也没有敢做什么。驴子叫了一会儿,发现老虎不怕它,心里有些着急。老虎看到驴子着急了,心里很高兴。它开始靠近驴子,而且在驴子身边走动。它的身体差不多要碰到驴子的身体了。这时候,驴子非常生气,就用力去踢老虎,而且一边跳,一边踢。看到驴子的本领原来只有这些,老虎高兴极了。它再也不怕驴子了,就用力跳上去,很快把驴子咬死了。

驴子看起来个子大,样子也很可怕,可是它其实没有什么特别的本领;老虎开始见到驴子的时候,觉得它很可怕,可是熟悉了以后就不怕它了。后来,人们用这个故事说那些看起来很可怕,但是没有真本领的人。

 快速略读练习 Scanning Reading Exercises

Read the sentences below.　Then quickly look through the reading 驴子和老虎 to find the answers.　Do not try to read every word.　Pay attention to the contexts relevant to the questions only.

1. 以前中国的＿＿＿＿＿＿＿没有驴子。
2. 人们害怕驴子，＿＿＿＿＿＿＿里的老虎早就听说了。
3. 驴子的个子比老虎＿＿＿＿＿＿＿。
4. 驴子的叫声很大，也很＿＿＿＿＿＿＿。
5. 老虎吓得跑回家去，睡了＿＿＿＿＿＿＿天。
6. 老虎看到驴子＿＿＿＿＿＿＿了，心里很高兴。

首次阅读练习 Exercises After First Reading

Now read the story again for the main idea. Do the exercise after reading.

排列事件顺序 Sequence Exercise

Based on the reading, put the following events in the correct order by numbering them from 1 to 7.

＿＿＿＿ 有人买了一头驴子，用船把它带到了中国的西南部。
＿＿＿＿ 老虎在一棵大树后面，慢慢地看驴子。
＿＿＿＿ 老虎跳上去，很快把驴子咬死了。
＿＿＿＿ 人们把驴子送到了山里。
＿＿＿＿ 老虎听到驴子的叫声，吓得马上就跑，跑得跟风一样快。
＿＿＿＿ 这一天，老虎见到了驴子。
＿＿＿＿ 到了第四天，老虎还想再去看看驴子在做什么。

二次阅读练习 Exercises After Second Reading

Read the story carefully this time. Then finish the exercises below.

一、根据课文内容，回答下列问题。(Answer the following questions based on the text.)

1. 人们为什么要把驴子送到山里？

2. 老虎为什么害怕、生气，它又为什么不高兴？

3. 第一次见到驴子以后，老虎是怎么想的？

4. 老虎和驴子的样子有什么不同？

5. 老虎是山里的大王，它为什么要怕驴子？

6. 从这个故事中我们能学到一些什么？

二、判断正误：如果句子不对，请改正。(Mark the following statements true or false based on the text. If it is false, correct it.)

1. ＿＿＿＿＿ 因为古时候中国西南部没有驴子，所以人们不了解它。

2. ＿＿＿＿＿ 人们怕驴子，所以就把驴子都送到中国的西南部。

3. ＿＿＿＿＿ 因为驴子怕跟人在一起，人们只好把它送到了山里。

4. ＿＿＿＿＿ 驴子来到了山里，老虎很生气，它怕自己不再是山里的大王了。

5. ＿＿＿＿＿ 老虎刚见到驴子的时候，一点儿也不怕它。

6. ＿＿＿＿＿ 听到老虎的叫声，驴子马上就吓跑了。

7. ＿＿＿＿＿ 驴子只吃了老虎的身体，没有吃老虎的头。

8. ＿＿＿＿＿ 驴子没有什么特别的本领，所以老虎最后把驴子咬死了。

9. ＿＿＿＿＿ 人们常常怕那些自己没有见过或者不熟悉的东西。

10. ＿＿＿＿＿ 这个故事告诉人们不要怕驴子，也不要怕老虎。

三、想一想课文的意思，选出正确答案。(Based on the reading, choose the most appropriate answer for the following sentences.)

1. 为了＿＿＿＿＿＿＿＿＿＿＿＿＿＿，有人用船带去了一头驴子。

   A. 让驴子吃老虎

   B. 让老虎害怕

   C. 让那儿的人见见驴子

2. 老虎听说驴子到山里来了，它吓坏了，因为＿＿＿＿＿＿＿。

   A. 它听说驴子很可怕

   B. 驴子喜欢吃老虎

   C. 驴子常吃山里的动物

3. 第一次看到驴子的时候,老虎_____。
   A. 很生气　　　　　B. 吓跑了　　　C. 很安静
4. 老虎第一次听到驴子的叫声以后,_____。
   A. 不觉得可怕　　　B. 它很生气　　C. 吓得跑回家睡了三天
5. 老虎最后不怕驴子了,是因为它_____。
   A. 熟悉驴子了　　　B. 睡够了　　　C. 跑得比驴子快
6. 老虎最后把驴子咬死了,是因为老虎知道驴子_____。
   A. 没有什么本领　　B. 会踢它　　　C. 跑得很慢

四、词语搭配：在B组词中找出与A组词搭配的词或词组。（Collocation：find the proper words or phrases in column B to match those in column A.）

Column A
1. 个子 _____
2. 耳朵 _____
3. 样子 _____
4. 心里 _____
5. 听到 _____
6. 走到 _____
7. 碰到 _____
8. 靠 _____
9. 踢 _____
10. 咬 _____

Column B
A. 叫声
B. 着急
C. 高
D. 老虎
E. 近
F. 大
G. 死
H. 身边
I. 安静
J. 身体

完成快速略读及泛读,熟悉下列课文生词,精读课文。
After scanning and extensive reading, learn the following vocabulary before intensive reading.

生词 New Words

1.	驴子	lǘzi	n.	donkey
2.	老虎	lǎohǔ	n.	tiger
3.	见到	jiàndào	v.	see
4.	头	tóu	m.	head
5.	可怕	kěpà	sv.	frightening; terrible
6.	害怕	hàipà	v.	be afraid; be scared
7.	早就	zǎojiù	adv.	early on
8.	吓	xià	v.	frighten; scare
9.	坏	huài	sv.	bad; badly
10.	生气	shēngqì	sv.	angry
11.	怎么	zěnme	pron.	how
12.	动物	dòngwù	n.	animal
13.	怎么办	zěnme bàn	ie.	what's to be done
14.	大王	dàwáng	n.	king
15.	只	zhī	m.	measure word
16.	耳朵	ěrduo	n.	ear
17.	安静	ānjìng	sv.	peaceful; quite
18.	跑	pǎo	v.	run
19.	躲	duǒ	v.	hide
20.	棵	kē	m.	measure word (for trees)
21.	本领	běnlǐng	n.	skill; ability
22.	小心	xiǎoxīn	adv./sv.	carefully; careful
23.	旁边	pángbiān	n.	side
24.	理	lǐ	v.	pay attention to
25.	叫	jiào	v.	shout
26.	声	shēng	m.	measure word for sound
27.	从来没有	cónglái méiyǒu	adv.	never
28.	停	tíng	v.	stop

29. 下来	xiàlái	v.	come down
30. 死	sǐ	v.	die; pass away
31. 摸	mō	v.	touch; feel
32. 头	tóu	n.	head
33. 谢	xiè	v.	thank
34. 在	zài	v.	exist; live
35. 睡	shuì	v.	sleep
36. 整整	zhěngzhěng	adv.	whole; full
37. 熟悉	shúxī	v.	know well; be familiar with
38. 敢	gǎn	v.	dare
39. 发现	fāxiàn	v.	discover; find
40. 靠近	kàojìn	v.	approach; draw near
41. 走动	zǒudòng	v.	walk about
42. 身体	shēntǐ	n.	body
43. 力	lì	n.	force; strength
44. 踢	tī	v.	kick; hoof
45. 跳	tiào	v.	jump; leap
46. 咬	yǎo	v.	bite; snap at
47. 看起来	kànqǐlái	vp	look; appear

综合练习 Comprehensive Exercises

一、给拼音加汉字或者汉字加拼音。(Write out characters for the *pinyin* and convert characters to *pinyin*.)

1. kěpà
2. ānjìng
3. kàojìn
4. qíguài
5. qīngchu
6. gàosu
7. dòngwù
8. pǎo
9. shēntǐ
10. tūrán
11. tiào
12. xiūxi
13. 耳朵
14. 熟悉
15. 老虎
16. 停
17. 睡
18. 吓

19. 本领　　　　　20. 生气　　　　　21. 咬

二、汉字练习。(Write out words that contain the following radicals.)

Example：木（wood）：树　　机会　　李　　一样

足（foot）：_____　_____　_____　_____

田（field）：_____　_____　_____　_____

礻（ritual）：_____　_____　_____　_____

冫（ice）：_____　_____　_____　_____

玉（jade）：_____　_____　_____　_____

三、选择正确答案。(Choose the most appropriate answer for each of the sentences.)

1. 那个小孩子说话的时候不看你是因为他_____你。
   A. 怕　　　　B. 可怕　　　　C. 不敢

2. 小马，我只买了菜，忘了买水果，现在_____？
   A. 什么办　　B. 怎么办　　　C. 这么办

3. 那个孩子只是想跟你玩玩儿，你为什么要把他吓_____呢？
   A. 踢　　　　B. 跳　　　　　C. 跑

4. 别着急，你_____地吃，时间还早呢。
   A. 快快　　　B. 远远　　　　C. 慢慢

5. 张小姐是不是不高兴了？我跟她说话，他没有_____我。
   A. 理　　　　B. 躲　　　　　C. 停

6. 他只拿走了我的钱，没拿我的电脑。我的电脑还_____。
   A. 有　　　　B. 在　　　　　C. 是

7. 小林在前面走，听到我们叫她，她马上停_____跟我们说话。
   A. 过来　　　B. 上来　　　　C. 下来

8. 昨天我们出去买东西，在外面走了_____一天。
   A. 整整　　　B. 慢慢　　　　C. 终于

9. 我以前_____吃过这种东西，今天是我第一次吃。
   A. 从来都不　B. 从来没有　　C. 从来不

10. 我的韩国朋友们都说王新_____很像韩国人。
    A. 看起来　　B. 看出来　　　C. 看过去

四、选词填空。(Fill in the blanks with the most appropriate words.)
终于 小心 熟悉 发现 可怕 害怕 吓 棵 只 头

1. 我们正在聊天,她突然大笑起来,她的笑声很_____。
2. 有一个人买了一_____驴子,把它送给了那里的人们。
3. 跟她说话你得_____,她这个人很容易着急。
4. 我早就想到中国去看看,现在_____有机会了。
5. 有我们跟你在一起,你_____什么?
6. 他们家旁边有两_____很高的大树。
7. 那位老先生突然大叫了一声,把孩子们都_____跑了。
8. 你刚来,还不_____这里的情况,有什么问题你可以随时问我。
9. 你相信吗?他说动物园里的那_____老虎是他的。
10. 我_____他最近常到那家商店去买东西。

五、组词成句。(Make sentences by using the following words.)
1. 本领 他 的 特别 没有 什么
2. 看起来 比 个子 他 高 我
3. 驴子 敢 摸摸 吗 那头 你
4. 从来 听说 我 没有 过 这件事
5. 生气 又 驴子 又 心里 害怕
6. 那个孩子 马上 妈妈 躲在 吓得 后面

六、讨论与写作。(Discussion and writing.)
1. Discuss these questions with your classmates 讨论问题
1)你以前听说过驴子和老虎的故事吗?
2)你听说过跟这个故事差不多的故事吗?请跟你的同学讲一讲。
3)在你们国家,老虎也是动物中的大王吗? 如果不是,是什么动物?
4)为什么很久以前,中国西南部的人们觉得驴子的样子又奇怪又可怕?
5)你觉得哪种动物的样子比较奇怪,也比较可怕?
6)先给你的同学描写(miáoxiě, describe)一下一种普通动物的样子、习惯,它喜欢吃的东西、做的事情等等。然后请你的同学猜一猜(cāi, guess)你说的是哪一种动物。你的同学猜的时候可以问你一些问题。

2. Writing 写作练习

Write down your description and hand it out. Let your classmates guess what kind of animal it is.（写下你的描写让你的同学猜这种动物，并交上来。）

 读前练习 Exercises Before You Read

Oral Practice（口语练习）：猴子(hóuzi，monkey)和佛教(fójiào，Buddhism)

1. 你喜欢猴子吗？为什么？
2. 你觉得猴子能不能变成人？人和猴子有什么不同？
3. 你听说过中国的猴王孙悟空(Sūnwùkōng)的故事吗？你知道这个故事跟佛教有关系吗？
4. 佛教历史长不长？它跟别的宗教(zōngjiào，religion)有什么不同？
5. 世界上信佛教的人多不多？哪些国家信佛教的人比较多？
6. 信佛教的人能不能吃肉(ròu，meat)？可以不可以喝酒？

猴王孙悟空

唐朝的时候，中国信佛教的人很多。老百姓信，做官的人信，连皇帝也信。佛教是从印度来的。人们信佛教，就要读佛教的书。这些书叫做佛经。

那么多的人都信佛教，可是，那时候中国的佛经不多，人们希望能多读一些佛经。这样，唐朝的皇帝就让一个有名的和尚到西方去取经，人们把这个和尚叫做唐僧。

取经的路很远。去西方要爬九十九座高山，过九十九条大河，要经过到处是火的山，走过很长的沙漠；路

上可能没有饭吃,不能睡觉,还会碰到很多坏人和鬼怪。唐僧是个读书人,去西方取经,一定要有一个非常有本领的人帮助他。

谁能有这么大的本领帮助唐僧去取经呢?皇帝就去问天上的神。神告诉皇帝,应该请孙悟空帮忙,孙悟空一定能帮助唐僧。皇帝听了,又高兴又害怕。

孙悟空是谁呢?他是一只猴子,活了几万年,成了神猴。可是他不喜欢听天神的话,每天自己想做什么就做什么。开始的时候,他带着几万只小猴子,建了一个猴子国,自己当了猴王。天神要管教孙悟空,就让天兵天将到了猴子国。孙悟空知道了,就去打天兵天将。孙悟空的本领很高,很快就把天兵天将打败了。接着,他来到天上,要打天神,把天神吓坏了。天上的神打不过孙悟空,只好让他当官。这样孙悟空就成了天上的一个大官。

当了官以后,孙悟空还是想做什么就做什么。他到海里去抢宝贝,到天神那里抢好吃的东西,抢酒喝,天上的神都很生气。最后,天神们请来一位大神打败了孙悟空,把他压在一座大山下面,已经压了几万年了。

现在,皇帝听了天神的话,就让唐僧去找孙悟空,还告诉了唐僧管教孙悟空的办法。唐僧找到了孙悟空,把他从大山下面救了出来。唐僧救了他的命,孙悟空就成了唐僧的学生。孙悟空跟着唐僧去西方取经,在路上帮助他克服了很多困难,打败了很多坏人和鬼怪,终于从西方取来了佛经。

差不多每个中国人都知道孙悟空帮助唐僧取经、打败天兵天将的故事。不但中国人喜欢孙悟空,世界上很多国家的人也都喜欢猴王孙悟空。

快速略读练习 Scanning Reading Exercises

Read the sentences below. Then quickly look through the reading 猴王孙悟空 to find the answers. Do not try to read every word. Pay attention to the contexts relevant to the questions only.

1. _____朝的时候,中国信佛教的人很多。
2. 人们信佛教,就要读佛教的书。这些书叫做_____。
3. 唐朝的皇帝就让一个有名的和尚到_____去取经。

4. 取经的路很远，去西方要爬＿＿＿＿＿＿座高山。

5. 孙悟空是一个猴子，活了＿＿＿＿＿＿年，成了神猴。

6. 唐僧找到了孙悟空，把他从＿＿＿＿＿＿下面救了出来。

首次阅读练习 Exercises After First Reading

Now read the story again for the main idea. Do the exercise after reading.

排列事件顺序 Sequence Exercise

＿＿＿＿ 皇帝去问天上的神，神告诉皇帝，应该请孙悟空帮忙。

＿＿＿＿ 孙悟空就成了天上的一个大官。

＿＿＿＿ 唐朝的皇帝让一个有名的和尚到西方去取经。

＿＿＿＿ 孙悟空跟着唐僧去西方取经，在路上帮助他克服了很多困难。

＿＿＿＿ 当了官以后，孙悟空还是想做什么就做什么。

＿＿＿＿ 孙悟空带着几万只小猴子，建了一个猴子国，自己当了猴王。

＿＿＿＿ 天神们请来一位大神打败了孙悟空，把他压在一座大山下面。

二次阅读练习 Exercises After Second Reading

Read the story carefully this time. Then finish the exercises below.

一、根据课文内容，回答下列问题。(Answer the following questions based on the text.)

1. 为什么唐朝的皇帝要让人去取经呢？

2. 为什么唐僧不能自己去西方取经？

3. 孙悟空是谁？他是不是一个读书人？

4. 为什么天神要管教孙悟空？

5. 为什么天神让孙悟空成了天上的一个大官？

6. 孙悟空为什么要帮助唐僧去取经？

二、判断正误：如果句子不对，请改正。(Mark the following statements true or false based on the text. If it is false, correct it.)

1. _____ 唐朝的时候,老百姓不信佛教,可是皇帝让人们都要读佛经。
2. _____ 唐僧是唐朝一个有名的和尚。
3. _____ 那时候中国信佛教的人很多,可是佛经不多。
4. _____ 取经的路虽然不很远,但是路上会碰到很多困难。
5. _____ 天上的神说孙悟空一定能帮助唐僧。
6. _____ 孙悟空是一个很听话的神猴。
7. _____ 天兵天将把孙悟空压在一座大山下面。
8. _____ 很多中国人都听说过孙悟空的故事。

三、词语搭配：在B组词中找出与A组词搭配的词或词组。(Collocation: find the proper words or phrases in column B to match those in column A.)

Column A
1. 爬 _____
2. 取 _____
3. 过 _____
4. 帮 _____
5. 听 _____
6. 读 _____
7. 睡 _____
8. 有 _____
9. 信 _____
10. 做 _____

Column B
A. 话
B. 佛教
C. 经
D. 山
E. 书
F. 忙
G. 本领
H. 河
I. 官
J. 觉

完成快速略读及泛读，熟悉下列课文生词，精读课文。
After scanning and extensive reading, learn the following vocabulary before intensive reading.

生词 New Words

1. 佛教	Fójiào	n.	Buddhism
2. 老百姓	lǎobǎixìng	n.	civilian; ordinary people
3. 做官	zuò guān	vo.	secure an official position
4. 连……也……	lián...yě...	cv.	even
5. 皇帝	huángdì	n.	emperor
6. 佛经	fójīng	n.	Buddhist sutra
7. 和尚	héshang	n.	monk
8. 取	qǔ	v.	fetch; get
9. 把……叫做	bǎ...jiàozuò	vp.	call...as...
10. 爬	pá	v.	climb
11. 条	tiáo	m.	measure word
12. 经过	jīngguò	v.	pass; go through
13. 火	huǒ	n.	fire
14. 沙漠	shāmò	n.	desert
15. 睡觉	shuì jiào	vp.	sleep
16. 坏人	huàirén	n.	villain; bad person
17. 鬼怪	guǐguài	n.	ghosts and monsters; forces of evil
18. 读书人	dúshūrén	n.	intellectual
19. 帮忙	bāngmáng	v.	help
20. 猴子	hóuzi	n.	monkey
21. 活	huó	v.	live
22. 万	wàn	num.	ten thousand

23. 听话	tīng huà	vo.	obey
24. 王	Wáng	n.	king
25. 管教	guǎnjiào	v.	subject sb. to discipline
26. 天兵天将	tiānbīngtiānjiàng	ie.	troops from heaven
27. 打	dǎ	v.	fight
28. 打败	dǎbài	v.	defeat
29. 接着	jiēzhe	conj.	afterwards; in succession
30. 打不过	dǎ bú guò	vp.	can not conquer
31. 只好	zhǐhǎo	adv.	have to; be forced
32. 海	hǎi	n.	sea
33. 抢	qiǎng	v.	snatch; seize
34. 宝贝	bǎobèi	n.	treasure
35. 压	yā	v.	hold down
36. 救	jiù	v.	rescue
37. 命	mìng	n.	life
38. 跟着	gēnzhe	vp.	follow
39. 克服	kèfú	v.	overcome
40. 困难	kùnnan	n./sv.	difficulty; difficult

专有名词 Proper Nouns

41. 唐僧	Tángsēng	pn.	name of a monk
42. 唐朝	Tángcháo	pn.	Tang dynasty
43. 印度	Yìndù	pn.	India
44. 孙悟空	Sūnwùkōng	pn.	name of a legendary monkey

综合练习 Comprehensive Exercises

一、给拼音加汉字或给汉字加拼音。(Write out characters for the *pinyin* and convert characters to *pinyin*.)

1. zuòguān
2. shuìjiào
3. tīnghuà
4. guǎnjiào
5. juéde
6. shēnghuó
7. hóuzi
8. jīngguò
9. bāngzhù
10. shíhou
11. fójīng
12. dàochù
13. 困难
14. 老百姓
15. 皇帝
16. 救
17. 打败
18. 和尚
19. 爬
20. 压
21. 抢

二、汉字练习。(Write out words that contain the following radicals.)

Example：木（wood）：<u>树　机会　李　一样</u>

广（rooftop）：_____　_____　_____　_____

子（孑）（infant）：_____　_____　_____　_____

囗（surround）：_____　_____　_____　_____

攵（beat）：_____　_____　_____　_____

又（right hand）：_____　_____　_____　_____

三、选择正确答案。(Choose the most appropriate answer for each of the sentences.)

1. 我妈妈不让我出去玩儿，我_____在家看电视。
　　A. 很好　　　　B. 只是　　　　C. 只好

2. 下午我要到城里去，我可以替你买书。_____，你就可以在家里休息了。
　　A. 这样　　　　B. 接着　　　　C. 终于

3. 他们家后面有一_____山，旁边有一个湖，风景很美。
　　A. 条　　　　　B. 座　　　　　C. 只

4. 他弟弟个子比你高，我想你一定_____他。
　　A. 打不过　　　B. 不过　　　　C. 不打过

5. 那天我正在路上走，那个人突然跑过来_____我的东西，真把我吓坏了。
   A. 带　　　　　　B. 当　　　　　　C. 抢

6. 那位老先生见到小李的时候很激动，因为小李救了他的_____。
   A. 生活　　　　　B. 活　　　　　　C. 命

7. 你听说过孙悟空帮助唐僧到西天_____经的故事吗？
   A. 取　　　　　　B. 拿　　　　　　C. 带

8. 这个字很难，_____我们的老师也不认识。
   A. 除了　　　　　B. 连　　　　　　C. 也

9. 爸爸_____你出去买水果，你买了吗？
   A. 让　　　　　　B. 使　　　　　　C. 把

10. 我们去的那个地方非常挤，_____都是人。
    A. 到处　　　　　B. 所有　　　　　C. 一切

四、用所给词语填空。(Fill in the blanks with the most appropriate words below.)

叫做　管教　碰到　经过　只好　终于　困难　当

1. 老张昨天晚上_____把那本小说写完了。
2. 这个孩子很不听话，他父母希望老师多_____他。
3. 从这里到你们家，路上得_____哪些地方？
4. 我昨天在图书馆_____了我的小学同学王力。
5. 毕业以后我不想_____老师，我想去我爸爸的公司工作。
6. 马老师有各种各样的知识，我们都把他_____活字典(zìdiǎn: dictionary)。
7. 她说她今天一定要走，我们没有办法，_____让她走了。
8. 我一定要去一次南极(the South Pole)，不管路上有多少_____，我都不怕。

五、把所给词语填入适当位置。(Insert each of the given words into the appropriate position.)

1. 很多中国人_____把_____"坐出租车"_____"打的(dī)"。(叫做)
2. 我真的没有钱，_____我_____连买一瓶水的钱_____没有。(也)
3. 你说我应该请_____谁_____找到一个工作_____呢？(帮助我)
4. 孙悟空建了一个猴子国，_____当了_____国王_____。(自己)

5. 他从来不听父母的话，总是_____想_____做_____就做什么。(什么)

六、组词成句。(Make sentences by using the following words.)
1. 从　把　唐僧　孙悟空　救了出来　大山下面
2. 他　困难　我　克服了　帮助　很多
3. 听说　那个人　我　岁　活了　一百多
4. 不但　大河　高山　要爬　也要过　路上
5. 理　中国　不太多　信　的　佛教　人
6. 这么大　孙悟空　真有　的　本领　吗

七、阅读与写作。(Reading and writing.)
1. Answer the following questions after you read the short essay. (读后回答问题)
1) 人们知道不知道世界上最早的大学是在哪儿建立的？
2) "大学"原来的名字叫什么？
3) 西方最早的学院可能是什么时候建的？
4) 巴黎大学跟牛津大学，哪一个建得早？
5) 学院和大学有什么不同？
6) 美国最早的大学是什么时候建的？

我们今天的大学是很早以前从西方的大学发展(fāzhǎn, develop)出来的。西方最早的大学是什么时候才有的呢？"大学"原来的名字叫"学院"(xuéyuàn, academy)，它是人们举行(jǔxíng, hold)活动(huódòng, activity)、讨论(tǎolùn, discuss)问题的地方。听说，西方最早的学院是意大利的一所医学院，它是九世纪(shìjì, century)左右建的。十一世纪的时候，一些这样的"学院"合(hé, combine)在一起，人们开始把它们叫做"大学"。那时候，大学没有校园，也没有自己的地方，只能租一些房子或者到教堂(jiàotáng, church)去上课。大学里很多老师都是那时候有名的读书人。

后来，越来越多的人喜欢到"大学"来学习，这样，就有了最早的大学。古时候最有名的大学是巴黎(bālí, Paris)大学，它是十二世纪建的，后来欧洲(ōuzhōu, Europe)的大学差不多都是按照(ànzhào, according to)巴黎大学的样子建立起来的。其中最有名的两所大学是牛津(Niújīn, Oxford)大学和剑桥(Jiànqiáo,

Cambridge)大学。这两所大学都是十三世纪建立的。

学院和大学有什么不同呢?学院的学生差不多都要学习四年,毕业以后得到学士(xuéshì, bachelor)学位(xuéwèi, degree)。大学一般都有几个不同的学院,除了有学士学位的课以外,还有一些高级的课。比方说,它有研究生院(yánjiūshēngyuàn, graduate school),有很多硕士(shuòshì, master)和博士(bóshì, doctor)的课程;另外,它还有一些专门(zhuānmén, specialized)的学院,比方说医学院、法学院等。

很多的大学刚开始的时候是学院,后来慢慢成了大学。在美国,最早的大学是哈佛(Hāfó, Harvard)大学,它是1636年建立的,现在是世界上非常有名的一所大学。

有人说,世界上最早的大学不是在欧洲或者美洲建立的,最早的大学是埃及(Āijí, Egypt)的Al Azhar大学,它已经有一千多年的历史了,现在还在上课。也有人说,世界上最早的大学是在中国,中国在两千多年以前就已经有大学了。

2. Add an appropriate title for the reading above based on its content. (给上文加个合适的标题)

题目:_____

3. Discussion and Writing 讨论和写作

Find a partner, talk about the educational system in your country. Write down your discussion on it and turn it in. (找一个搭档,讨论你的国家的教育制度,写下你的讨论并交上来。)

TIPS OF THE LESSON 加油站

How much is this table?
这张桌子多少钱

家具	jiājù	furniture	一套(tào) 家具	a set of furniture
沙发	shāfā	sofa	一套(tào) 沙发	a set of sofa
桌子	zhuōzi	table, desk	一张(zhāng) 桌子	a table
椅子	yǐzi	chair	一把(bǎ) 椅子	a chair

书架	shūjià	bookshelf	一个(gè) 书架	a bookshelf
床	chuáng	bed	一张(zhāng) 床	a bed
镜子	jìngzi	mirror	一面(miàn) 镜子	a mirror
电话	diànhuà	telephone	一部(bù) 电话	a telephone
手机	shǒujī	cellular phone	一部(bù) 手机	a cellular phone
电视	diànshì	television	一个(gè) 电视	a television
音响	yīnxiǎng	stereo system	一套(tào) 音响	a set of stereo system
花瓶	huāpíng	vase	一个(gè) 花瓶	a vase
灯	dēng	lamp	一盏(zhǎn) 灯	a lamp
空调	kōngtiáo	air conditioner	一台(tái) 空调	an air conditioner
画	huà	painting	一张(zhāng) 画	a painting
衣柜	yīguì	wardrobe	一个(gè) 衣柜	a wardrobe

Exercises on tips of the lesson（练习）

1. 你最喜欢哪个国家的家具？哪国的家具比较贵？
2. 你们家有音响吗？是哪国造(zào：make)的？
3. 你有没有手机？如果有，是哪个牌子(páizi：brand)的？
4. 你觉得哪个牌子的电视比较好？为什么？
5. 你们家都有哪些家具？
6. 画一张画儿，跟你的同学说说你们家里的家具都在什么地方。

第 九 课
CHAPTER NINE

 读前练习 Exercises Before You Read

Oral Practice（口语练习）：看病（kànbìng, see a doctor）
1. 要是你身体不好,你去哪儿看病?
2. 你去看病的时候,医生(yīshēng, doctor)总是问你很多问题吗?为什么?
3. 你总是相信医生的话吗? 为什么?
4. 在你们国家,当医生容易不容易?
5. 你觉得医生这个工作怎么样?你希望不希望能当医生?
6. 你在中国的医院看过病吗?你觉得中国的医生怎么样?

1 神医华佗

中国古代有个很有名的医生,叫华佗。华佗小时候,家里很穷,他不能读书。那时候穷人很多,人们常常生病;生了病没有药,很多人都病死了。华佗想帮助人们,所以他想长大以后当医生,给人治病。

因为没有钱上学,华佗就自己学认字,读医书,到处去看医生怎么给人治病。他的努力感动了那些有知识的人。后来,一个有名的医生开始教他怎么给人看病,还让华佗做了他的学生。

华佗学习非常努力,很快就成了这个医生最好的学生。有一天,这个医生忽然大喊起来,说自己疼得不

141

得了。学生们都很着急,不知道怎么办好。他们给老师检查了身体,可是都不知道老师得的是什么病,后来,他们请来了一位有名的医生,这个医生也不知道应该怎么办。最后,华佗仔细地给老师做了检查,然后告诉大家老师没有病。

大家都觉得非常奇怪。老师那么疼,华佗怎么敢说老师没有病呢!这时候,老师忽然笑了起来。他告诉大家,他真的没有病,他是在装病,他想考考大家,看谁能检查出来。华佗的本领不比那位有名的医生差,他可以毕业去当医生了。

华佗后来一直都很努力。他成了名医以后,还是天天学习。除了从书上学,华佗还到山上、到河里,到各种各样的地方去采药,学习各种各样的知识。华佗不但有知识,他还是一个善良的好医生。给穷人看病他从来不要钱。只要有病人,他不吃饭、不睡觉也要先给病人治病。

因为华佗看病的本领非常高,有些快要死的人他也能救活,人们觉得他就像神仙一样,就把华佗叫做"神医"。华佗除了会看病、能制药以外,还会针灸。他能用针灸治好各种各样的病。那时候有一个大官叫曹操,他经常头疼,每次都疼得不得了,只有华佗能治他的病。他就想把华佗留在他的宫殿里给他一个人治病。可是华佗不愿意只给大官看病,他要帮助老百姓,所以就从曹操那里跑回家了。曹操知道以后非常生气,就让人把华佗关在监狱里,要杀死他。华佗死以前,把他一生的医学知识写成了一本书,他把这本书送给看管监狱的人的时候,这个人因为害怕,不敢要华佗的书。这样,神医华佗就把这本书烧了。

华佗虽然死了,可是人们都想念他,感谢他。中国很多地方都有华佗的庙。如果华佗的书能保留到今天,那该多好啊!也许,有了这本书,今天很多难治的病我们就都能治好了。

 快速略读练习 Scanning Reading Exercises

Read the sentences below. Then quickly look through the reading 神医华佗 to find the answers. Do not try to read every word. Pay attention to the contexts relevant to the questions only.

1. 中国古代有个很有名的_____,叫华佗。
2. 华佗学习非常努力,很快就成了这个医生_____的学生。
3. 华佗不但有_____,他还是一个善良的好医生。
4. 人们觉得他就像神仙一样,就把华佗叫做"_____"。
5. 中国很多地方都有华佗的_____。

首次阅读练习 Exercises After First Reading

Now read the story again for the main idea. Do the exercise after reading.

排列事件顺序 Sequence Exercise

Based on the reading, put the following events in the correct order by numbering them from 1 to 8.

_____ 华佗小时候,家里很穷,他不能读书。

_____ 老师告诉大家,他真的没有病。

_____ 有一天,这个医生忽然大喊起来,说自己疼得不得了。

_____ 曹操想把华佗留在他的宫殿里给他一个人治病。

_____ 华佗给老师做了检查以后,告诉大家老师没有病。

_____ 一个有名的医生让华佗做了他的学生。

_____ 看监狱的人因为害怕,不敢要华佗的书。

_____ 华佗成了名医以后,还是天天学习。

二次阅读练习 Exercises After Second Reading

Read the story carefully this time. Then finish the exercises below.

一、根据课文内容,回答下列问题。(Answer the following questions based on the text.)

1. 为什么曹操要杀死华佗?

2. 华佗为什么想当医生?

3. 华佗的老师没有病,为什么要装病?

4. 为什么人们把华佗叫做"神医"?

5. 为什么华佗最后把他写的书烧了?

6. 华佗为什么从曹操那里跑回家了?

二、判断正误:如果句子不对,请改正。(Mark the following statements true or false based on the text. If it is false, correct it.)

1. _____ 看监狱的人不相信华佗的医学知识,所以他没有要华佗的书。
2. _____ 因为那本书写得不太好,所以华佗就把它烧了。
3. _____ 除了华佗以外,没有人能治曹操的病。
4. _____ 有些已经死了的人,华佗也能把他们救活。
5. _____ 给没有钱的穷人看病,华佗从来不要钱。
6. _____ 华佗不想给曹操看病,所以曹操就把他杀死了。
7. _____ 那天,华佗的老师说他疼得不得了是为了考考他的学生。
8. _____ 学生们请来了一个不怎么好的医生给老师看病。
9. _____ 华佗还没有给老师做检查的时候就知道老师没有病。
10. _____ 华佗小的时候家里没有钱让他去上学读书。

三、想一想课文的意思,选出正确答案。(Based on the reading, choose the most appropriate answer for the following sentences.)

1. 华佗想帮助人们,所以他想长大以后_____。
   A. 当官   B. 当医生   C. 当老师
2. 学生们请来了一位有名的医生,可是这个医生_____。
   A. 也不知道老师怎么了
   B. 说老师没有病
   C. 不想给老师看病
3. 老师觉得可以让华佗毕业去当医生了,因为华佗的本领_____。
   A.不比他的同学差

B. 跟老师差不多

C. 不比那位有名的医生差

4. 他还是一个善良的好医生。要是有病人,他_____也一定要先给病人治病。

　　A. 不吃饭、不睡觉　　　B. 不回家休息　　C. 不给病人要钱

5. 曹操想把华佗留在他的宫殿里给_____治病。

　　A. 他们家里的人　　B. 他一个人　　C. 他和他太太

6. 华佗虽然死了,可是人们都想念他,感谢他。中国很多地方都有_____。

　　A. 华佗写的书　　　B. 华佗的庙　　C. 华佗的照片

四、词语搭配: 在B组词中找出与A组词搭配的词或词组。(Collocation: find the proper words or phrases in column B to match those in column A.)

Column A　　　　　　　　　　Column B

1. 生 _____　　　　　　A. 医生

2. 当 _____　　　　　　B. 身体

3. 认 _____　　　　　　C. 药

4. 看 _____　　　　　　D. 病

5. 喊 _____　　　　　　E. 知识

6. 救 _____　　　　　　F. 起来

7. 制 _____　　　　　　G. 死

8. 杀 _____　　　　　　H. 字

9. 学习 _____　　　　　I. 活

10. 检查 _____　　　　　J. 病

> 完成快速略读及泛读,熟悉下列课文生词,精读课文。
>
> After scanning and extensive reading, learn the following vocabulary before intensive reading.

生词 New Words

1.	医	yī	n.	doctor
2.	医生	yīshēng	n.	doctor; physician
3.	穷	qióng	sv.	poor
4.	生病	shēngbìng	vo.	fall ill
5.	药	yào	n.	medicine; drug
6.	长大	zhǎngdà	vp.	grow up
7.	治病	zhì bìng	vo.	cure an illness
8.	钱	qián	n.	money
9.	认字	rèn zì	vo.	know how to read
10.	努力	nǔlì	n./v.	effort; make great efforts
11.	感动	gǎndòng	v.	move; touch
12.	忽然	hūrán	adv.	suddenly
13.	喊	hǎn	v.	shout
14.	疼	téng	sv.	painful
15.	不得了	bù dé liǎo	adv.	very; extremely
16.	检查	jiǎnchá	v.	examine; check
17.	得病	débìng	vo.	be sick
18.	仔细	zǐxì	sv.	careful
19.	然后	ránhòu	conj.	then; after that
20.	装	zhuāng	v.	pretend; make believe
21.	考	kǎo	v.	test
22.	差	chà	sv.	worse
23.	名医	míngyī	n.	famous doctor
24.	采	cǎi	v.	pick; collect
25.	善良	shànliáng	sv.	kindhearted
26.	看病	kàn bìng	vo.	(of a doctor) examine a patient; see a doctor
27.	从来不	cónglái bù	adv.	never

28. 只要……（就）	zhǐyào...(jiù)	*conj.*	as long as
29. 神仙	shénxian	*n.*	immortal; supernatural being
30. 制	zhì	*v.*	make; manufacture
31. 针灸	zhēnjiǔ	*n.*	acupuncture
32. 经常	jīngcháng	*adv.*	often; usually
33. 愿意	yuànyi	*v.*	wish; want
34. 关	guān	*v.*	lockup; imprison
35. 监狱	jiānyù	*n.*	jail; prison
36. 杀死	shāsǐ	*vp.*	kill; execute
37. 一生	yìshēng	*n.*	all one's life; lifetime
38. 医学	yīxué	*n.*	medicine; medical science
39. 看管	kānguǎn	*v.*	guard; watch
40. 烧	shāo	*v.*	burn
41. 感谢	gǎnxiè	*v.*	thank
42. 保留	bǎoliú	*v.*	preserve; retain

专有名词 Proper Nouns

华佗	Huà Tuó	*pn.*	name of a legendary doctor
曹操	Cáo Cāo	*pn.*	name of a famous general during the Three Kingdoms era

综合练习 Comprehensive Exercises

一、给拼音加汉字或给汉字加拼音。(Write out characters for the *pinyin* and convert characters to *pinyin*.)

1. qióngrén
2. shēngbìng
3. zhǐyào
4. nǔlì
5. tóuténg
6. zhìyào
7. yīshēng
8. zǐxì
9. hūrán
10. yìshēng
11. rènzì
12. ránhòu

13. 长大 14. 神仙 15. 愿意
16. 经常 17. 检查 18. 烧
19. 感谢 20. 看管 21. 保留

二、写反义词。(Write out the antonym for each of the following words.)

Example：大 小

远 _____   好 _____   特别 _____   便宜 _____
哭 _____   快 _____   工作 _____   早 _____
前 _____   坐 _____   将来 _____   少 _____
买 _____   进 _____   古老 _____   教 _____
里 _____   对 _____   晚上 _____   别人 _____

三、选择正确答案。(Choose the most appropriate answer for each of the sentences.)

1. 不知道为什么，今天中午大张<u>高兴得不得了</u>。
   A. 特别高兴 B. 有一点儿高兴 C. 很不高兴
2. 他的头那么热，<u>你怎么能说他没有生病呢</u>？
   A. 你应该说 B. 你可以说 C. 你不应该说
3. 小李最近很奇怪，我跟他说话，他<u>从来不理我</u>。
   A. 只有一次 B. 没有一次 C. 开始的时候不想
4. 华佗除了自己学认字，读医书以外，还到处去看医生<u>怎么</u>给人治病。
   A. 为什么 B. 用什么办法 C. 很多办法
5. 那天大家正在图书馆看书的时候，有一个人忽然<u>大笑起来</u>。
   A. 开始大笑 B. 站起来大笑 C. 笑得站起来
6. 他工作<u>一直</u>都很努力，大家都很喜欢他。
   A. 终于 B. 常常 C. 总是
7. 这个问题你应该去问老张，他卖过<u>各种各样</u>的电脑。
   A. 不一样 B. 很特别 C. 很多不同
8. 医生不让他出医院，可是他不听，自己<u>跑回家</u>了。
   A. 跑着回家 B. 回家 C. 高兴地回家
9. 因为华佗连快要死的人也能救活，人们觉得他就<u>像神仙一样</u>，所以把他叫做"神医"。

148

A. 样子很像神仙　　　B. 跟神仙差不多　　　C. 希望能当神仙
10. 如果华佗的书能保留到今天,那该多好啊!
　　　A. 好的东西很多　　B. 也许不错　　　　C. 一定很好

四、选词填空。(Fill in the blanks with the most appropriate words.)
　　治好　忽然　接着　一直　本领　检查　仔细　帮忙

　　很久很久以前,有一个很有_____的人,每天都在国王身边为国王做事。有一天,国王发现这个人做事的时候,不像平常那么_____,心里好像有别的事。国王觉得奇怪,就问他怎么了。这个人说:"我儿子今天早晨_____病了,我想带他去_____一下身体,但是我又怕这是件小事,所以不知道应该怎么给您说。现在我虽然人在这里,可是心_____在想着儿子。"国王说:"你怎么不早说呢,我这里有一种非常好的药,能很快_____你儿子的病。"国王叫人拿来了药,让这个人马上拿回家去给儿子吃。这个人回家后,马上让儿子把药吃了。可是几个小时以后,他儿子就死了。

　　第二天早晨,这个人来见国王的时候,样子非常伤心(shāngxīn, sad)。国王又问大官怎么了。_____,国王样子非常伤心地说:"怎么会这样?我决定给你很多钱做你儿子的丧葬费(sāngzàngfèi, funeral expenses)。"这个人哭着说:"我儿子已经死了,不必用您的钱了。现在我有一件事请您_____:求(qiú, beg)您把昨天给我儿子吃的那种药给我吧。"

五、组词成句。(Make sentences by using the following words.)
1. 所有的　他　的　人　话　感动了
2. 起来　喊　那个　大　忽然　医生
3. 不睡觉　把　写完　他　也要　这封信
4. 不得了　现在　我　疼得　头　的
5. 不愿意　电话　给　我　号码　他
6. 治好　的　他　能　谁　病

六、讨论与写作。(Discussion and writing.)
1. Discuss these questions with your classmates. 讨论问题。
　1) 你听说过跟这个故事差不多的故事吗?请跟你的同学讲一讲。
　2) 在你们国家,有没有中医? 你看过中医吗?

3）你吃过中药吗？中药跟西药有什么不一样的地方？
4）你相信中药吗？中医给病人看病跟西医有什么不同？
5）你听说过针灸吗？你做过针灸吗？你觉得针灸疼不疼？可怕不可怕？
6）中国人常说"没什么也别没钱,有什么也别有病"。这话是什么意思？

2. Dialogue 会话练习：

两个人一起,一个人是医生,一个人是病人,练习怎么看病。

3. Writing 写作练习："看病"

Write down your experience of seeing a doctor.（写一段话,描写一次你去医院看病的经历）。

 读前练习 Exercises Before You Read

Oral Practice（口语练习）：英雄(yīngxióng, hero)和疼痛(téngtòng, ache)

1. 在你们国家,谁是英雄？请跟你的同学说一说他们为什么是英雄。
2. 你觉得英雄一定勇敢(yǒnggǎn, brave)吗？你是不是很勇敢的人？
3. 你说英雄怕不怕疼痛？他们跟一般人一样怕疼痛吗？
4. 你读的书或者看过的电影里,有没有不怕疼的大英雄？请给大家介绍一下。
5. 要是一个人哭了很久,他的眼睛(yǎnjing, eye)会不会肿(zhǒng, swell)？要是眼睛肿了,应该怎么办？

2 关公看病

中国古时候有一个大英雄,名字叫关公。不但中国人尊敬关公,很多别的国家的人也都尊敬他,把他当做神。中国的很多城市也都有关公庙。

关公是一个大将军,非常勇敢,也很会打仗。有一次,在打仗的时候,敌人用毒箭射伤了他的手臂。刚开始的时候,关公觉得手臂有一点儿疼,他没有在意。但是过了一会儿,他的手臂忽然肿了起来,不久,手臂就变黑、变粗,肿得像只小水桶一样了。

关公觉得非常疼,疼得他受不了。可是他是一个大英雄,他想,我一定不能让别人看出我的痛苦,不要让别人为我着急。当然,他也不愿意让别人觉得他受不了疼痛。可是,这时候他的手臂已经中毒很深了,疼得真的受不了。关公咬着牙,希望做点儿别的事情忘掉痛苦。他就找了一个人跟他下棋,希望下棋可以帮助他忘掉痛苦。

神医华佗听说关公手臂中了毒,就来为他治病。关公看到华佗来救他,非常高兴。华佗检查了他的手臂以后说:"将军,您的手臂中毒很深,快要坏死了。如果我给您动手术,也许能救它。但是这个手术很疼,我要用刀割开您的手臂,把您骨头上的毒刮下来,您受得了吗?"

关公笑着说:"只要您能救我这只手,我不怕疼!"

华佗说:"那好。您先让两个人把您的手绑在树上,我马上给您动手术。"

"为什么要绑在树上?"关公问。

"哦,是这样:这个手术太疼,我怕您受不了,手会动,那样,我就不容易做手术了。"华佗说。

"哈哈!原来是这样。您不用绑我的手,我不会动的。"关公说。

关公让华佗开始给他动手术,自己还是在那儿跟人下棋。华佗用刀割开了他的皮,血流了出来,血里有毒,是黑色的。华佗又割掉了那些中毒的肉,做这种手术非常疼,在旁边看的那些人都害怕极了,可是关公还是在那儿下棋,没有动,也没有喊一声疼。

最后,华佗开始用刀刮骨头上的毒了。人们听到刀子刮骨头的声音,看到华佗从骨头上刮下来很多有毒的东西,觉得非常可怕。可是,关公还是没有动一下。

华佗终于把关公的手臂治好了。关公很感激华佗救了自己,华佗也佩服这个勇敢的病人。关公的手臂好了以后,又为人民做了很多好事。跟华佗的故事一样,关公的故事也传到了世界上的很多国家。

快速略读练习 Scanning Reading Exercises

Read the sentences below. Then quickly look through the reading 关公看病 to find the answers. Do not try to read every word. Pay attention to the contexts relevant to the questions only.

1. _____古时候有一个大英雄,名字叫关公。
2. 关公是一个大将军,非常_____,也很会打仗。
3. 神医华佗听说关公手臂中了毒,就来为他_____。
4. 做这种手术非常疼,在旁边看的那些人都_____极了。
5. 关公的手臂_____以后,又为人民做了很多好事。
6. 不但中国人尊敬关公,很多别的国家的人也都尊敬他,把他当作_____。

1 首次阅读练习 Exercises After First Reading

Now read the story again for the main idea. Do the exercise after reading.

排列事件顺序 Sequence Exercise

Based on the reading, put the following events in the correct order by numbering them from 1 to 8.

_____ 关公咬着牙,希望做点儿别的事情忘掉痛苦。
_____ 在旁边看的人害怕极了,可是关公还是在那儿下棋,没有动。
_____ 有一次,在打仗的时候,敌人用毒箭射伤了关公的手臂。
_____ 华佗终于把关公的手臂治好了。
_____ 关公看到华佗来救他,非常高兴。
_____ 关公的手臂忽然肿了起来。
_____ 关公让华佗开始给他动手术。
_____ 关公不愿意让别人觉得他受不了疼痛。

二次阅读练习 Exercises After Second Reading

Read the story carefully this time. Then finish the exercises below.

一、根据课文内容，回答下列问题。(Answer the following questions based on the text.)

1. 为什么关公的手臂会肿起来？

2. 关公为什么找了一个人下棋？

3. 看到华佗来给他治病,关公为什么很高兴？

4. 为什么关公不希望别人看出自己疼得受不了？

5. 华佗说怎么做才能治好关公的手臂？

6. 为什么华佗要人把关公的手绑在树上？

7. 你觉得关公为什么不让华佗把他的手绑在树上？

8. 华佗割开关公手臂上的皮以后,关公的血为什么是黑色(black)的？

二、判断正误：如果句子不对,请改正。(Mark the following statements true or false based on the text. If it is false, correct it.)

1. _____ 只有中国人知道关公是谁。在别的国家,没有人知道他是谁。
2. _____ 虽然他的手臂肿了起来,但是关公不觉得疼。
3. _____ 华佗说关公的手臂已经坏死了,他也没有办法救关公的手臂。
4. _____ 关公告诉华佗他的手不会动,所以不用绑他的手。
5. _____ 华佗给关公动手术的时候,没有人在旁边看。
6. _____ 华佗给关公动手术的时候,关公只喊了一次。

7. _____ 关公一边下棋,一边让华佗给他动手术。

8. _____ 关公很感激华佗救了他,华佗也很感激关公给了他很多钱。

三、想一想课文的意思,选出正确答案。(Based on the reading, choose the most appropriate answer for the following sentences.)

1. 不但中国人尊敬关公,很多别的国家的人也都尊敬他,把他当作_____。
   A. 英雄   B. 神   C. 将军

2. 关公非常疼,他咬着牙,希望能_____忘掉痛苦。
   A. 做点儿别的事   B. 喝点儿酒   C. 睡一会儿觉

3. 关公看到华佗来救他,_____。
   A. 很不好意思   B. 非常感动   C. 非常高兴

4. 华佗检查了关公的手臂以后说:"您的手臂中毒很深,_____坏死了。"
   A. 已经   B. 早就   C. 快要

5. 关公笑着说:"只要您能救我这只手,我_____!"
   A. 一定给你很多钱   B. 不怕疼   C. 就不杀你

6. 做这种手术非常疼,在旁边看的那些人都害怕极了,可是关公还是在那儿_____,没有动,也没有喊一声疼。
   A. 下他的棋   B. 喝他的酒   C. 看他的书

四、词语搭配: 在B组词中找出与A组词搭配的词或词组。(Collocation: find the proper words or phrases in column B to match those in column A.)

Column A
1. 动 _____
2. 治 _____
3. 中 _____
4. 下 _____
5. 肿 _____
6. 打 _____
7. 咬 _____
8. 喊 _____
9. 变 _____
10. 忘掉 _____

Column B
A. 棋
B. 疼
C. 手术
D. 病
E. 仗
F. 毒
G. 粗
H. 痛苦
I. 牙
J. 起来

完成快速略读及泛读,熟悉下列课文生词,精读课文。
After scanning and extensive reading, learn the following vocabulary before intensive reading.

生词 New Words

1.	英雄	yīngxióng	n.	hero
2.	把……当做	bǎ...dàngzuò	vp.	regard...as
3.	将军	jiāngjūn	n.	general
4.	勇敢	yǒnggǎn	sv.	brave
5.	打仗	dǎ zhàng	vo.	fight a war
6.	敌人	dírén	n.	enemy
7.	毒	dú	n.	poison
8.	箭	jiàn	n.	arrow
9.	射	shè	v.	shoot
10.	伤	shāng	v.	harm; injure
11.	手臂	shǒubì	n.	arm
12.	在意	zàiyì	v.	care about; pay attention to
13.	肿	zhǒng	v.	swell
14.	黑	hēi	sv.	black
15.	粗	cū	sv.	thick
16.	水桶	shuǐtǒng	n.	water barrel; water bucket
17.	受不了	shòubuliǎo	vp.	can not stand
18.	痛苦	tòngkǔ	n.	pain and sufferings; affliction
19.	当然	dāngrán	adv.	of course; certainly
20.	疼痛	téngtòng	v.	ache; pain
21.	中毒	zhòng dú	vo.	be poisoned
22.	深	shēn	sv.	deep; extremely serious
23.	牙	yá	n.	tooth

24. 忘掉	wàngdiào	v.	forget
25. 下棋	xià qí	vo.	play chess
26. 动手术	dòng shǒushù	vo.	have an operation; perform an operation
27. 刀	dāo	n.	knife
28. 割开	gēkāi	vp.	cut open; rip
29. 骨头	gǔtou	n.	bone
30. 刮	guā	v.	scratch; scrape
31. 绑	bǎng	v.	tie; bind
32. 动	dòng	v.	move
33. 哈哈	hāha	onom.	haw-haw
34. 皮	pí	n.	skin
35. 血	xiě	n.	blood
36. 流	liú	v.	bleed; flow
37. 割掉	gēdiào	vp.	slice off
38. 佩服	pèifú	v.	admire
39. 人民	rénmín	n.	people
40. 传	chuán	v.	spread

专有名词 Proper Nouns

关公	Guāngōng	pn.	name of a legendary general

综合练习 Comprehensive Exercises

一、给拼音加汉字或给汉字加拼音。(Write out characters for the *pinyin* and convert characters to *pinyin*.)

1. shǒushù
2. zàiyì
3. xiàqí
4. shòubuliǎo
5. yuànyi
6. qíshí
7. yǒnggǎn
8. dírén
9. zhǒng

10. shuǐtǒng 11. gùshi 12. zhòng(dú)
13. 将军 14. 手臂 15. 疼痛
16. 流 17. 英雄 18. 刮
19. 血 20. 骨头 21. 毒

二、写出下面各组词的部首及意思。(Find the common radical for characters in each of the following groups and guess the meaning of the radical.)

1. 刮　　割　　别　　制
Radical：_____　　Meaning of the radical：_____

2. 病　　疼　　痛　　疾
Radical：_____　　Meaning of the radical：_____

3. 怕　　性情　　愉快　　懂
Radical：_____　　Meaning of the radical：_____

三、选择正确答案。(Choose the most appropriate answer for each of the sentences.)

1. 刚开始的时候,关公觉得手臂有一点儿疼,他没有在意。
　A. 觉得问题不大　　B. 觉得很有意思　　C. 不觉得有意思

2. 他想,我一定不能让别人看出我的痛苦,不要让别人为我着急。
　A. 出来看　　B. 知道　　C. 看起来

3. 华佗检查了他的手臂以后说:将军,您的手臂中毒很深,快要坏死了。
　A. 很快就会死
　B. 已经坏了
　C. 快要没有用了

4. 不久,手臂就变黑、变粗,肿得像只小水桶一样了。
　A. 跟水桶一样粗
　B. 上面好像有只水桶
　C. 好像只能用小水桶

5. 神医华佗听说关公手臂中了毒,就来为他治病。
　A. 手臂伤了　　B. 手臂肿起来了　　C. 手臂里有了毒

6. 我要用刀割开您的手臂,把您骨头上的毒刮下来,您受得了吗?
　A. 您会不会太疼?　　B. 您愿意吗?　　C. 您说好不好?

157

7. 关公笑着说："只要您能救我这只手，我不怕疼！"
   A. 可是　　　　　B. 如果　　　　　C. 因为

8. 哈哈！<u>原来是这样</u>。您不用绑我的手，我不会动的。
   A. 我懂了　　　　B. 怎么是这个样子　　C. 跟现在真不一样

四、选词填空。(Fill in the blanks with the most appropriate words.)

叫做　仔细　打仗　身体　英雄　而且　佩服　将军

关公是中国历史上的一位大＿＿＿＿＿，很多人都很＿＿＿＿＿他的勇敢。关公有两个非常好的朋友，一个叫刘备，一个叫张飞。他们把刘备叫做大哥，关公是老二，张飞就是老三。跟关公一样，张飞也是一位有名的大＿＿＿＿＿。可是大家把他＿＿＿＿＿三弟，他心里很不服气(fúqì, be convinced)。他想：我力气(lìqi, strength)不比关公少，＿＿＿＿＿也不比关公差，为什么要把我排(pái, rank)在第三呢？

有一天，他们三个人在一起喝酒聊天，张飞喝了很多酒以后，就要跟关公比力气。张飞说："我们谁能把自己拉(lā, pull)起来，谁的力气就大。"说完，他就用两只手往上拉自己的头发(tóufa, hair)。虽然他用了最大的力气，＿＿＿＿＿把头发拉掉了很多，可是还是不能把自己拉起来。最后他又累又气地坐到了地上。关公没有像张飞那样做，他＿＿＿＿＿想了一下，找了一根绳子(shéngzi, rope)，把绳子的一头系(jì, tie)在自己的腰(yāo, waist)上，另一头跨过(kuàguo, hang over)一个粗树枝(shùzhī, branch)，两只手用力往下拉，终于把自己的＿＿＿＿＿拉起来了。

五、组词成句。(Make sentences by using the following words.)

1. 打仗　关公　勇敢　时候　非常　的
2. 牙　得　他　受不了　经常　疼
3. 忘掉　你　过去　必须　痛苦　的
4. 决定　明天　医生　动手术　那个孩子　给
5. 听说　东西　真的　有　那种　毒
6. 很多　为　做了　关公　人们　好事

六、讨论与写作。(Discussion and writing.)

1. Discuss these questions with your classmates. 讨论问题。

158

1) 在你认识的人中,有没有像关公这么不怕疼的人?
2) 读了关公看病的故事以后,你觉得关公这个人怎么样?为什么?
3) 你觉得多吃肉少吃菜对身体好不好?吃什么对身体比较好?
4) 先让一个同学跟你说一说他每天早上几点起来,吃不吃早饭,一天吃几顿饭,每天吃什么,喝什么,什么时候运动(yùndòng, exercise),做什么运动等等。然后你把你的想法告诉他:说说他的生活习惯好不好,哪些好,哪些不好;为什么好,为什么不好。

2. Writing 写作练习:"我的同学□□□"

Write down the previous discussion and turn it in. You should include a paragraph introducing your classmate's eating and exercising habit and a paragraph stating your opinion. (写下以上的讨论,包括介绍你同学的吃饭、锻炼的习惯并阐述你的观点。)

TIPS OF THE LESSON 加油站

I caught a cold
我感冒了

医院	yīyuàn	hospital
医生	yīshēng	doctor
护士	hùshi	nurse
病房	bìngfáng	medical ward
药	yào	medicine
药方	yàofāng	prescription
开药方	kāi yàofāng	write out a prescription
药店	yàodiàn	drugstore; pharmacy
中药	zhōngyào	traditional Chinese medicine
打针	dǎ zhēn	give or have an injection
吃药	chī yào	take medicine
体温	tǐwēn	body temperature
量体温	liáng tǐwēn	measure body temperature

体温表	tǐwēnbiǎo	clinical thermometer
度	dù	degree
感冒	gǎnmào	catch a cold; have a cold
症状	zhèngzhuàng	symptom
发烧	fāshāo	have a fever; have a temperature
打喷嚏	dǎ pēntì	sneeze
咳嗽	késou	cough
喉咙疼	hóulóng téng	have a sore throat
头疼	tóu téng	headache
肚子疼	dùzi téng	stomachache
泻肚子	xiè dùzi	have diarrhea
呕吐	ǒutù	vomit
急诊	jízhěn	emergency call; emergency treatment
急诊室	jízhěnshì	emergency room
住院	zhù yuàn	be hospitalized
出院	chū yuàn	leave hospital

Exercises on tips of the lesson(练习)

1. 昨天晚上天气非常冷，小王出去玩的时候穿(chuān，wear)的衣服太少，所以感冒了。今天早上小王可能有下面哪些症状？

A. 发烧 E. 泻肚子
B. 头疼 F. 咳嗽
C. 呕吐 G. 手疼
D. 牙疼 H. 喉咙疼

2. 回答问题：

1) 你感冒过吗？要是你感冒了，你应该做什么？
2) 人没有病的时候，体温应该是多少度？
3) 要是一个人的体温是40度，他怎么了？应该怎么办？
4) 你打过针吗？为什么打针？你怕不怕打针？
5) 你们国家的药店里卖不卖中药？你吃过中药吗？
6) 你觉得人都会生病吗？生了病应该怎么办？

第十课
CHAPTER TEN

 读前练习 Exercises Before You Read

Oral Practice（口语练习）：荤菜（hūncài，meat dishes）和素菜（sùcài，vegetable dishes）

1. 你觉得荤菜好吃还是素菜好吃？为什么？
2. 鱼（yú，fish）和豆腐（dòufu，bean curd）都是素菜吗？鸡蛋（jīdàn，egg）也是素菜吗？
3. 现在在你们国家，吃素菜的人多不多？他们为什么要吃素菜？
4. 你能说出一、两个素菜的名字吗？你会做这种素菜吗？
5. 请给你的同学介绍一下你最喜欢吃的一个菜：菜的名字、味道（wèidào，taste）、做法、你为什么爱吃，等等。

 **中国素菜**

差不多全世界的人都喜欢吃中国菜。为什么喜欢中国菜呢？很多人说中国菜不但味道好，有营养，而且对身体也好，特别是中国的素菜。

中国有很多有名的地方菜，如广东菜、四川菜、湖南菜等。中国菜也有很多不同的做法。虽然中国菜各种各样，但是我们大概可以把它们分成荤菜和素菜两种。

荤菜主要是用猪肉、牛肉、羊肉和鱼、虾等做成的菜。素菜是不用肉和鱼，只用蔬菜、豆腐等做成的菜。中国人做菜喜欢有荤有素，就是做荤菜的

161

时候他们也常常放上一些素菜。

中国饭馆里的炒菜差不多都有荤有素,跟西方菜不一样。做西方菜常常用很多肉或者鱼,有时候还用很多油煎、炸。科学研究告诉我们,动物的肉里有一些东西对人的身体不好,所以现在吃素菜的人越来越多,人们也就更喜欢中国的素菜了。

中国素菜为什么那么有名呢?那是因为它味道好,又好吃又有营养。中国人做素菜的历史很长。从古到今,中国蔬菜的种类很多,加上中国又是个很讲究吃的国家,所以中国的素菜有很多种,中国人做素菜的方法也又多又好。

中国素菜发达还有另一个重要的原因。古时候,皇帝经常要为国家祈祷,在那些日子里,皇帝不能吃肉,也不能杀动物,他只能吃素菜。如果他不这样做,神就不会保佑他和他的国家。后来,佛教传到了中国,佛教教人们不要杀害生命,不要吃动物的肉。那时候,中国信佛教的人很多,他们就开始吃素菜。慢慢地,在中国,吃素菜成了一种传统。吃素菜的人多了,就有人开始研究怎么把素菜做得更好吃。听说,今天最好吃的素菜是在庙里。中国有一些有名的庙,那里的素菜很有名。

中国素菜有名也因为它对身体好。因为人要是吃很多肉会生病,所以,从很久以前开始,就有人试着只吃素菜。他们发现,吃素菜以后身体非常好,这样,吃素菜的人就多了。有人怕只吃素菜营养不够,其实素菜里可以有豆腐,它们的营养不一定比肉差。

中国素菜不但历史久,味道美,营养好,而且它们的样子也常常做得非常好看。你如果看到一桌素菜,有的像肉,有的像鱼,有的像鸡,你真不敢相信它们是素菜!可是只要你一尝就知道,它们真的是用蔬菜和豆腐等做成的。要是你不相信,下一次到了卖素菜的中国饭馆,别忘了要一份这样的"鸡"、"鱼"尝一尝。

快速略读练习 Scanning Reading Exercises

Read the sentences below. Then quickly look through the reading 中国素菜 to find the answers. Do not try to read every word. Pay attention to the contexts relevant to the questions only.

1. 很多人说中国菜不但味道好、有营养,而且_____。
2. 中国有很多_____,如广东菜、四川菜、湖南菜等。
3. 素菜是不用_____,只用蔬菜、豆腐和鸡蛋等做的菜。
4. 中国人做素菜的历史_____。
5. 佛教教人们不要杀害生命,不要吃动物的_____。
6. 听说,今天最好吃的素菜是在_____。

1 首次阅读练习 Exercises After First Reading

Now read the story again for the main idea. Do the exercise after reading.

辨析段落大意 Identifying Main Ideas

There are eight paragraphs in the reading. The main idea for each of these paragraphs is provided. Identify the main idea for each paragraph and write the paragraph number on the left.

_____ 我们可以把中国菜分成荤菜和素菜两种。

_____ 中国素菜的样子也很好看。

_____ 全世界的人都喜欢吃中国菜。

_____ 什么是荤菜和素菜。

_____ 中国素菜有名也是因为它对人的身体很好。

_____ 中国素菜为什么有名。

_____ 中国素菜越来越发达的原因。

_____ 为什么现在吃素菜的人越来越多了。

二次阅读练习 Exercises After Second Reading

Read the story carefully this time. Then finish the exercises below.

一、根据课文内容，回答下列问题。(Answer the following questions based on the text.)

1. 古时候，皇帝祈祷的那些日子里为什么不能吃肉，也不能杀动物？

2. 信佛教的人吃不吃动物的肉？为什么？

3. 为什么说最好吃的素菜是在庙里？

4. 中国饭馆里的炒菜跟西方菜一样不一样？

5. 为什么中国的素菜很有名？

6. 什么是素菜？有鱼的菜是不是素菜？

二、判断正误：如果句子不对，请改正。(Mark the following statements true or false based on the text. If it is false, correct it.)

1. _____ 素菜虽然味道美，营养也好，可是它们的样子常常做得不太好看。
2. _____ 豆腐的营养没有肉的营养高。
3. _____ 中国人能把豆腐和蔬菜做得看起来像肉或者鱼。
4. _____ 动物的肉里有一些东西对人的身体不好。
5. _____ 中国有很多有名的地方菜。
6. _____ 中国人做菜的时候常常用很多肉或者鱼，很少用蔬菜。
7. _____ 中国素菜味道好，也很好吃，可是营养比肉差。
8. _____ 有豆腐的菜是荤菜，不是素菜。
9. _____ 中国的皇帝不能吃肉，也不能杀动物，只能吃素菜。

10. _____ 中国人做素菜的历史很长。

三、想一想课文的意思，选出正确答案。(Based on the reading, choose the most appropriate answer for the following sentences.)

1. 中国人做菜的时候喜欢_____，他们做荤菜的时候也常放上一些素菜。
   A. 有荤有素　　　　B. 用很多素菜　　　C. 营养好的菜

2. 那时候，中国信_____的人很多，人们就开始吃素菜。
   A. 神仙　　　　　　B. 皇帝　　　　　　C. 佛教

3. 吃素菜的人多了，就有人开始想办法把素菜做得_____。
   A. 更好吃　　　　　B. 更像荤菜　　　　C. 更好看

4. 中国有一些有名的_____，那里的素菜很有名。
   A. 饭馆　　　　　　B. 庙　　　　　　　C. 地方

5. 在很久以前，就有人开始只吃素菜。他们发现只吃素菜以后身体非常好，这样，_____就多了。
   A. 信佛教的人　　　B. 卖素菜的庙　　　C. 吃素菜的人

6. 你如果看到一桌素菜，有的像肉，有的像鱼，有的像_____，你真不敢相信它们是素菜！
   A. 鸡　　　　　　　B. 豆腐　　　　　　C. 蔬菜

四、词语搭配：在B组词中找出与A组词搭配的词或词组。(Collocation: find the proper words or phrases in column B to match those in column A.)

Column A
1. 一份 _____
2. 样子 _____
3. 历史 _____
4. 味道 _____
5. 种类 _____
6. 相信 _____
7. 保佑 _____
8. 杀害 _____
9. 一种 _____
10. 营养 _____

Column B
A. 不错
B. 生命
C. 佛教
D. 素菜
E. 好看
F. 很多
G. 很久
H. 不够
I. 传统
J. 国家

> 完成快速略读及泛读，熟悉下列课文生词，精读课文。
> After scanning and extensive reading, learn the following vocabulary before intensive reading.

生词 New Words

1.	味道	wèidao	n.	flavor; taste
2.	营养	yíngyǎng	n.	nutrition
3.	素菜	sùcài	n.	vegetable dish
4.	如	rú	v.	such as; for instance
5.	做法	zuòfǎ	n.	way of doing a thing
6.	大概	dàgài	adv.	probably; mainly
7.	分成	fēnchéng	vp.	be divided into
8.	荤菜	hūncài	n.	meat dish
9.	猪	zhū	n.	pig
10.	牛	niú	n.	cow
11.	鱼	yú	n.	fish
12.	虾	xiā	n.	shrimp
13.	蔬菜	shūcài	n.	vegetable
14.	豆腐	dòufu	n.	bean curd
15.	鸡蛋	jīdàn	n.	egg
16.	就是……也……	jiùshì...yě...	conj.	even; even if
17.	放	fàng	v.	put
18.	炒菜	chǎo cài	n.	fried dish
19.	油	yóu	n.	oil
20.	煎	jiān	v.	fry
21.	炸	zhá	v.	fry
22.	研究	yánjiū	n./v.	research; study
23.	种类	zhǒnglèi	n.	kind; type

24. 加上	jiāshang	conj.	plus; in addition
25. 讲究	jiǎngjiu	v.	pay attention to
26. 发达	fādá	sv.	developed; flourishing
27. 重要	zhòngyào	sv./n.	important; significance
28. 原因	yuányīn	n.	reason; cause
29. 祈祷	qídǎo	v.	pray
30. 日子	rìzi	n.	day; life
31. 保佑	bǎoyòu	v.	bless
32. 杀害	shāhài	v.	kill; slay
33. 生命	shēngmìng	n.	life
34. 传统	chuántǒng	n.	tradition
35. 试	shì	v.	try
36. 奶	nǎi	n.	milk
37. 桌	zhuō	m.	measure word for feast
38. 一……就……	yī...jiù...	conj.	as soon as
39. 别	bié	adv.	(advise sb.) not to
40. 份	fèn	m.	measure word

专有名词 Proper Nouns

广东	Guǎngdōng	pn.	Guangdong province
四川	Sìchuān	pn.	Sichuan province

综合练习 Comprehensive Exercises

一、给拼音加汉字或给汉字加拼音。(Write out characters for the *pinyin* and convert characters to *pinyin*.)

1. hūncài 2. zhūròu 3. yóu (oil)
4. jiāngjūn 5. shǒudū 6. miào (temple)
7. jiān (fry) 8. yánjiū 9. chuántǒng

10. jiàn (arrow)　　11. qióngrén　　12. zhuānyè
13. 蔬菜　　　　　　14. 豆腐　　　　15. 鸡蛋
16. 种类　　　　　　17. 炒　　　　　18. 炸
19. 发达　　　　　　20. 重要　　　　21. 生命

二、在B组词中找出与A组词意义相近的词或词组。（find the parasynonyms in column B for those in column A.）

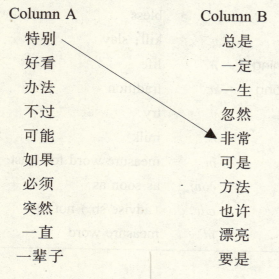

Column A	Column B
特别	总是
好看	一定
办法	一生
不过	忽然
可能	非常
如果	可是
必须	方法
突然	也许
一直	漂亮
一辈子	要是

三、选择正确答案。（Choose the most appropriate answer for each of the sentences.）

1. 差不多<u>全世界的人</u>都喜欢吃中国菜。
　　A. 世界上很多人　　B. 所有世界的人　　C. 世界上所有的人

2. 中国菜不但味道好、有营养，而且对身体也好，<u>特别是中国的素菜</u>。
　　A. 除了中国的素菜
　　B. 中国的素菜更好
　　C. 中国素菜很不一样

3. 中国人做菜喜欢有荤有素，就是做荤菜的时候他们也要放上一些素菜。
　　A. 不管　　　　　B. 连　　　　　　C. 可是

4. 她很聪明(cōngmíng, bright)，<u>加上</u>她也很用功，所以每一次她都考得很好。
　　A. 另外　　　　　B. 有时候　　　　C. 除了

5. 在那些日子里,皇帝不能吃肉,也不能杀动物,他只能吃素菜。
   A. 在那些地方   B. 那些天   C. 在那些庙里
6. 佛教教人们不要杀害生命,不要吃动物的肉。
   A. 杀有生命的东西
   B. 害怕有生命的东西
   C. 杀死刚出生的动物
7. 他们发现吃素菜以后身体非常好,这样,吃素菜的人就多了。
   A. 一样   B. 不但   C. 所以
8. 素菜里可以有豆腐、鸡蛋和奶,它们的营养不一定比肉差。
   A. 大概没有肉好   B. 可能比肉好   C. 可能比肉差

四、选词填空。(Fill in the blanks with the most appropriate words.)

生命　种类　营养　传统　讲究　重要　研究　原因

1. "尊敬老人、爱护孩子"是中国人的＿＿＿＿＿＿。
2. 这两个国家为什么要打仗?你知道他们打仗的＿＿＿＿＿＿吗?
3. 我觉得这个问题不那么＿＿＿＿＿＿,我们先谈别的问题吧。
4. 世界上的动物、树木、花草都是有＿＿＿＿＿＿的东西。
5. 从古到今,中国都是一个非常＿＿＿＿＿＿吃的国家。
6. 因为他对历史很有兴趣,所以长大以后他想＿＿＿＿＿＿世界历史。
7. 这桌菜不但颜色好、味道好,而且也很有＿＿＿＿＿＿。
8. 如果你想买鲜花,你应该去那家花店看看,那里的花儿＿＿＿＿＿＿很多。

五、完成下列对话。(Complete the following dialogue.)

A:你吃过中国的素菜吗?
B:吃过几次,＿＿＿＿＿＿＿＿＿＿＿＿＿＿＿＿＿＿?
A:我只听人说过,可是从来没有吃过。
B:是吗?那＿＿＿＿＿＿＿＿＿＿＿＿＿＿＿＿＿＿。
A:可是我刚来北京不久,不知道什么地方的素菜不错,你能＿＿＿＿＿＿＿＿＿＿?
B:可以。我们学校附近就有两三家不错的素菜饭馆。有一家在南门的西边,靠近你经常去的那家＿＿＿＿＿＿＿＿＿＿＿＿＿＿＿。
A:你说的是不是酒吧旁边那家?那家我去过一次。它是＿＿＿＿＿＿＿＿馆吗?

B：他们门上的"素菜馆"三个字很大,你怎么会不知道？

A：我那次是小林_____,我跟他进去的时候没有看门上的字。

B：那你觉得那里的菜怎么样？

A：很不错。不过,好像_____,我们点过一个有鸡肉的菜。

B：你说的那个菜是不是叫"素鸡"？

A：对,对,是_____,非常好吃。

B：哈哈,那不是荤菜,"素鸡"是用豆腐做出来的。

六、讨论与写作。(Discussion and writing.)

1. Discuss these questions with your classmates. 讨论下列问题。

1）素菜的营养真的不比肉差吗？为什么？

2）现在吃素的人是不是越来越多了？为什么？

3）你说将来会不会有那么一天,人都不吃荤菜,只吃素菜？为什么？

4）谈谈中国人吃饭的习惯和你吃饭的习惯有哪些不同。

5）你吃过哪些很特别的菜？你觉得哪些国家的菜比较好吃？什么菜对身体好？用油煎、炸的菜好吃不好吃？对身体好不好？

6）现在世界各地有很多麦当劳店,很多孩子从小就喜欢吃那里的饭。你觉得麦当劳的饭对孩子们的身体好吗？如果对身体不好,我们应该怎么办？是不是应该让麦当劳关门(guān mén, close the door)？

2. Writing 写作练习："麦当劳和孩子的健康(jiànkāng, health)"

Write down the discussion above and turn it in. (写下上面的讨论并交上来。)

 读前练习 Exercises Before You Read

Oral Practice（口语练习）：

1. 中国的历史很长,有过很多朝代(dynasty)。你知道中国的第一个朝代和最后一个朝代的名字吗？

2. 请给大家讲一个和古代皇帝或者国王(king)有关系的故事。

3. 你觉得在世界历史上,人民比较喜欢和尊敬哪个皇帝或者国王？为什么？

4. 现在哪些国家有国王？世界上现在还有没有皇帝？

2 天下第一菜

　　中国人喜欢把好吃的东西叫作美味。好吃的菜不但色、香、味都美，而且很多名菜后面都有一个有意思的故事。你可能吃过不少有名的菜，但是你不一定吃过"天下第一菜"。什么是"天下第一菜"呢？说起来，这个菜跟中国的一个皇帝还有些关系呢。

　　在中国的清朝，有一个有名的皇帝叫乾隆。他非常聪明，也很会管理国家。他当皇帝的时候，国家很强大，老百姓的日子也过得不错。古时候大家把皇帝叫作"天子"，"天子"不能离开国家的首都。乾隆皇帝住在北京，他很想知道住在别的地方的人生活得怎么样，就决定到那些地方去看看。可是为了皇帝的安全，宫廷里的人都不让皇帝出去，皇帝很不高兴。有一天，乾隆皇帝换上了普通人的衣服，偷偷地和他身边的一些大官跑出去了。他们来到了南方的一个地方，在那儿，乾隆皇帝看到老百姓的生活不错，大家工作也都很努力，心里很高兴。他和官员们一边看，一边玩，高兴得忘了吃饭。

　　最后，他们走到了一个小城，天已经黑了，前面是一条大河，旁边也没有人家。乾隆皇帝和他的官员们又累又饿，突然他们看到了一个小饭店，就敲开了饭店的门，里面的厨师对他们说："对不起，天太晚了，饭菜都卖完了，我们已经关门了。"饭菜都卖完了，说明大家常到饭店来吃饭，这个地方人们的生活应该不错。乾隆皇帝听了心里很高兴。可是天这么晚了，他们又这么累，到哪儿去找吃的呢？皇帝身边的人都很着急，想告诉厨师这是皇帝；那样，厨师和这儿的官员就会马上找来很多好吃的东西。可是如果这样做，一定会把厨师吓坏，别人也会知道皇帝到了这儿。这不是一个好主意。

　　乾隆皇帝不让官员告诉别人他是皇帝。官员们只好求厨师做一些饭给他们吃，而且答应会给他很多钱。

　　"我这里真的没有什么好吃的东西了。"厨师不好意思地说。

第十课

171

"那么，你桌子上的那些东西是什么呢？"乾隆皇帝看到桌子上好像有一些饭菜。

"哦，那是我们卖饭剩下的锅巴。"厨师说。

"锅巴是什么？你为什么不卖给我们呢？"乾隆皇帝说。

"锅巴是做米饭的时候在锅底留下来的东西，又干又硬，不能卖给客人。"厨师说。

"我们现在饿极了，你就做些给我们吃吧。"皇帝身边的大官请求说。

最后，厨师只好把这些锅巴加上一点剩菜做出来给客人们吃。这个聪明的厨师把锅巴用油炸了一下。用油炸过的锅巴，又香又好吃。厨师又把做菜的时候剩下的肉丝、虾、蘑菇、笋、青菜等放在一起炒了，然后倒在炸好的锅巴上。这道菜又好看又好吃，而且炒好的菜倒在热锅巴上的时候还有一种很好听的声音。皇帝和大官们吃得非常高兴。

吃完饭，乾隆皇帝给了厨师很多钱，还跟他开玩笑说："你有这么好的锅巴，为什么不卖给我们啊！"厨师有一点不好意思，可是他很高兴。皇帝说："这么好吃的菜叫什么名字呢？"这个菜是厨师随便做的，它当然没有名字。他说："这个菜没有名字，您给它起个名字吧！"

"好！"乾隆皇帝高兴地说。厨师马上拿出了纸和笔。乾隆皇帝高兴地在纸上写了五个大字："天下第一菜"。

皇帝走了以后，人们慢慢知道了皇帝来这儿吃饭的事。大家都来看皇帝写的字，这个厨师成了一个有名的人，他用剩饭剩菜做的这个菜就成了一个名菜。

乾隆皇帝回到北京以后，还常常想念这个菜。后来宫廷里很多有名的厨师都做过这个菜，乾隆皇帝总是觉得没有那个小城的厨师做得好。

你知道为什么吗？

快速略读练习 Scanning Reading Exercises

Read the sentences below. Then quickly look through the reading 天下第一菜 to find the answers. Do not try to read every word. Pay attention to the contexts relevant to the questions only.

1. 中国人喜欢把好吃的东西叫作_____。
2. 在中国的_____,有一个有名的皇帝叫乾隆。
3. 古时候大家把皇帝叫作"_____"。
4. 有一天,乾隆皇帝换上了_____人的衣服,偷偷地和他身边的一些大官跑出去了。
5. 乾隆皇帝不让官员告诉别人他是_____。
6. 乾隆皇帝高兴地在纸上写了五个大字:"_____"。

首次阅读练习 Exercises After First Reading

Now read the story again for the main idea. Do the exercise after reading.

排列事件顺序 Sequence Exercise

Based on the reading, put the following events in the correct order by numbering them from 1 to 8.

_____ 吃完饭,乾隆皇帝给了厨师很多钱。

_____ 乾隆皇帝来到了南方的一个地方。

_____ 乾隆皇帝回到北京以后,还常常想念这个菜。

_____ 乾隆皇帝想到别的地方去看看人们生活得怎么样。

_____ 官员们求厨师做一些饭给他们吃,并且答应会给他很多钱。

_____ 厨师只好在锅巴上加上一点儿剩菜做出来给客人们吃。

_____ 乾隆皇帝偷偷地和他身边的一些大官跑出去了。

_____ 乾隆皇帝和他的官员又累又饿,他们就敲开了一个饭店的门。

二次阅读练习 Exercises After Second Reading

Read the story carefully this time. Then finish the exercises below.

一、根据课文内容，回答下列问题。(Answer the following questions based on the text.)

1. 为什么这个小饭店的厨师说他做的这个菜没有名字？

2. 吃完饭以后皇帝为什么给了厨师很多钱？

3. 为什么乾隆皇帝不让官员告诉别人他是皇帝？

4. 厨师觉得锅巴是不是好东西？为什么？

5. 皇帝想到别的地方去看看，为什么宫廷里的人都不让他出去？

6. 乾隆皇帝听到厨师说"饭菜都卖完了"以后心里高兴不高兴？为什么？

7. 为什么乾隆皇帝觉得宫廷里的厨师做的这个菜都没有小城的厨师做得好？

8. 这个厨师为什么成了一个有名的人？

二、判断正误：如果句子不对，请改正。(Mark the following statements true or false based on the text. If it is false, correct it.)

1. _____ 锅巴是厨师留给自己吃的，所以他不想卖给客人。
2. _____ 这个厨师是第一次这么做锅巴。
3. _____ 虽然厨师用锅巴做的这个菜不太好看，可是非常好吃。
4. _____ 皇帝身边的人告诉了厨师这是皇帝，所以厨师做了这个好吃的菜。
5. _____ 听到客人们说吃他做的锅巴好吃，厨师很高兴。
6. _____ 乾隆皇帝回北京以后，再也没有吃过锅巴。

7. ＿＿＿＿ 乾隆皇帝想到中国的南方去玩儿,可是宫廷里的人怕他不回来了,就不让他出去。

8. ＿＿＿＿ 乾隆当皇帝的时候,老百姓的生活很苦。

三、想一想课文的意思,选出正确答案。(Based on the reading, choose the most appropriate answer for the following sentences.)

1. 好吃的菜不但色、香、味都美,而且很多＿＿＿＿都有一个有意思的故事。
　　A. 好菜上面　　　　B. 名菜后面　　　　C. 很贵的菜后面

2. "天下第一菜"跟中国的一个＿＿＿＿还有些关系呢。
　　A. 皇帝　　　　　　B. 大官　　　　　　C. 厨师

3. 古时候大家把皇帝叫作"＿＿＿＿"。
　　A. 国王　　　　　　B. 天王　　　　　　C. 天子

4. 为了皇帝的安全,宫廷里的人都不让皇帝出去,皇帝很＿＿＿＿。
　　A. 不高兴　　　　　B. 着急　　　　　　C. 愉快

5. 小饭店的厨师对他们说:"对不起,天太晚了,饭菜都卖完了,我们已经＿＿＿＿了。"
　　A. 睡觉　　　　　　B. 关门　　　　　　C. 没有人

6. 吃完饭,乾隆皇帝给了厨师很多钱,还＿＿＿＿说:"你有这么好的锅巴,为什么不卖给我们啊!"
　　A. 跟他开玩笑　　　B. 生气地　　　　　C. 高兴地跟他

四、词语搭配:在B组词中找出与A组词搭配的词或词组。(Collocation: find the proper words or phrases in column B to match those in column A.)

Column A
1. 写 ＿＿＿＿
2. 关 ＿＿＿＿
3. 起 ＿＿＿＿
4. 开 ＿＿＿＿
5. 剩 ＿＿＿＿
6. 好 ＿＿＿＿
7. 天 ＿＿＿＿
8. 当 ＿＿＿＿

Column B
A. 饭
B. 玩笑
C. 字
D. 主意
E. 黑
F. 门
G. 皇帝
H. 名字

> 完成快速略读及泛读,熟悉下列课文生词,精读课文。
> After scanning and extensive reading, learn the following vocabulary before intensive reading.

生词 New Words

1.	天下	tiānxià	n.	all over the world
2.	美味	měiwèi	n.	delicious food; delicacy
3.	香	xiāng	n./sv.	fragrant
4.	味	wèi	n.	flavor
5.	说起来	shuō qilai	adv.	it seems that
6.	聪明	cōngmíng	sv.	clever; bright
7.	管理	guǎnlǐ	v.	manage
8.	强大	qiángdà	sv.	powerful; big and powerful
9.	天子	tiānzǐ	n.	the Son of Heaven; emperor
10.	离开	líkāi	v.	leave
11.	安全	ānquán	n./sv.	safety; safe
12.	宫廷	gōngtíng	n.	palace; royal court
13.	换	huàn	v.	change
14.	普通	pǔtōng	sv.	common; ordinary
15.	偷偷	tōutōu	adv.	secretly; stealthily
16.	官员	guānyuán	n.	official
17.	人家	rénjiā	n.	household
18.	饿	è	sv.	hungry
19.	敲	qiāo	v.	knock
20.	厨师	chúshī	n.	chef; cook
21.	对不起	duì bu qǐ	v.	sorry; excuse me
22.	晚	wǎn	sv.	late
23.	关门	guān mén	vo.	close the door

24.	说明	shuōmíng	v.	indicate; show
25.	主意	zhùyi	n.	idea; thought
26.	求	qiū	v.	beg; request
27.	答应	dāying	v.	promise; agree
28.	桌子	zhuōzi	n.	table
29.	剩下	shèngxia	vp.	remain; be left (over)
30.	锅巴	guōbā	n.	rice crust
31.	米饭	mǐfàn	n.	rice
32.	底	dǐ	n.	bottom
33.	干	gān	sv.	dry
34.	硬	yìng	sv.	hard; firm
35.	客人	kèrén	n.	guest; visitor
36.	请求	qǐngqiú	v.	ask for; request; beg
37.	肉丝	ròusī	n.	shredded meat
38.	蘑菇	mógu	n.	mushroom
39.	笋	sǔn	n.	bamboo shoot
40.	青菜	qīngcài	n.	green vegetables
41.	道	dào	m.	measure word
42.	开玩笑	kāi wánxiào	vo.	joke
43.	随便	suíbiàn	adv.	be free and easy; random
44.	起名字	qǐ míngzi	vo.	name; give a name
45.	拿	ná	v.	take
46.	纸	zhǐ	n.	paper
47.	笔	bǐ	n.	pen

专有名词 Proper Nouns

清朝	Qīngcháo	pn.	Qing Dynasty
乾隆	Qiánlóng	pn.	title of the fourth emperor's reign in Qing Dynasty

综合练习 Comprehensive Exercises

一、给拼音加汉字或给汉字加拼音。(Write out characters for the *pinyin* and convert characters to *pinyin*.)

1. cōngmíng
2. guǎnlǐ
3. qiángdà
4. zǒngshì
5. fànguǎn
6. suīrán
7. kèrén
8. tōutōu
9. qīngcài
10. gèzhǒnggèyàng
11. yúkuài
12. qīngchu
13. 安全
14. 饿
15. 厨师
16. 答应
17. 剩
18. 锅巴
19. 随便
20. 离开
21. 请求

二、在B组词中找出与A组词意义相近的词或词组。(Find the parasynonyms in column B for those in column A.)

Column A	Column B
再	普通
愉快	说
一般	有意思
简单	努力
用功	又
读书	喜欢
好玩	高兴
以前	容易
爱	过去
讲	学习

三、选择正确答案。(Choose the most appropriate answer for each of the sentences.)

1. 好吃的菜不但色、香、味都美，而且<u>很多名菜</u>后面都有一个有意思的故事。

　　A. 很多个菜　　　　B. 很多有名的菜　　　　C. 很多好吃的菜

2. 他当皇帝的时候,国家很强大,老百姓的日子过得不错。
  A. 生活很好   B. 每一天都很愉快 C. 每天的工作时间都对
3. 古时候大家把皇帝叫作"天子","天子"不能离开国家的首都。
  A. 回家休息   B. 出去玩儿   C.到首都外面的地方去
4. 天已经黑了,前面是一条大河,旁边也没有人家。
  A. 没有住的地方 B. 没有人住   C. 没有别人
5. 官员们只好求厨师做一些饭给他们吃,而且答应会给他很多钱。
  A. 应该   B. 回答   C. 说好
6. 乾隆皇帝给了厨师很多钱以后,跟他开玩笑说:"你有这么好的锅巴,为什么不卖给我们啊!"
  A. 一边玩一边笑 B. 开始玩儿的时候 C. 说笑话

四、选词填空。(Fill in the blanks with the most appropriate words.)
  治病 研究 唐朝 种类 方法 传统 美味 聪明 经常 发现

  豆腐是很有营养的一种中国_____素食,它不但是人们日常饭桌上的_____,而且对人的身体非常好。科学_____告诉我们,常吃豆腐可以使人少得病,不得病,有时候吃豆腐还可以帮助人们_____。

  豆腐据说是两千多年以前一个叫刘安的人发明(fāmíng, invent)的。那时候,刘安在中国南部的一个地方当大官,他相信道教(Taoism)。为了能得到吃了以后不死的药,刘安找了一些那时候非常_____的人,大家常在一起讨论(tǎolùn, discuss)怎么能成为神仙,也_____在一起试着炼制(liànzhì, make)长生不老的药。有一天,他们试着用黄豆汁(huángdòuzhī, soybean juice)制药的时候,_____黄豆汁碰到石膏(shígāo, gypsum)以后,马上变成了很好看的豆腐。刘安虽然没有炼制出长生不老的药,可是他知道了怎么做豆腐。从那以后,这个做豆腐的_____就在民间传下来了。

  豆腐的制作方法在中国的_____传到了日本,后来又传到了朝鲜(Cháoxiǎn, Korea)。到了十九世纪的时候又传到了世界上的其他地方。这两千年中,做豆腐的方法慢慢多了,豆腐越来越好吃,_____也越来越多。现在豆腐成了全世界人民喜爱的美味。

五、组词成句。(Make sentences by using the following words.)
1. 你 起个 吧 给 名字 孩子

2. 正在说话 聪明 很 的 小姐 那个
3. 请你 在 把 锅巴上 炒好的菜 倒
4. 离开 你 什么 中国 决定 时候
5. 换上了 衣服 的 官员们 普通人 都
6. 对不起 关门 马上 了 就要 图书馆

六、讨论与写作。(Discussion and writing.)

1. Discuss these questions with your classmates.（讨论下列问题）

1）"天子"这两个字是什么意思？为什么古时候"天子"不能离开国家的首都？
2）你认为乾隆皇帝应该不应该偷偷地离开首都？为什么？
3）你觉得厨师能不能看出来皇帝和他的官员们不像普通人？为什么？
4）为什么乾隆皇帝把这个菜叫做"天下第一菜"？他真觉得它是天下第一吗？
5）你吃过"天下第一菜"吗？如果你吃过，你觉得好吃不好吃？
6）请跟你的同学说一说小饭店的厨师是怎么做"天下第一菜"的。
7）你喜欢吃豆腐吗？你做过豆腐吗？做豆腐的方法是谁发明的？豆腐有多少年的历史了？

2. Writing 写作练习："素食和健康"

写一篇短文，谈一谈你对吃素食的看法。你可以从下面几点写：

1）介绍一下什么是素食，素食的历史。
2）谈一谈越来越多的人喜欢吃素食的原因。
3）吃素食对身体的好处(hǎochu, benefit)或者坏处(hǎochu, harm)。
4）你认为吃什么、怎么吃对身体最好。

TIPS OF THE LESSON 加油站

Vegetables and fruits are good for you
多吃水果蔬菜身体好

营养　　　yíngyǎng　　　　　nutrition
维生素　　wéishēngsù　　　　vitamin

蛋白质	dànbáizhì	protein
酸	suān	sour; tart
甜	tián	sweet
苦	kǔ	bitter
辣	là	spicy; hot
苹果	píngguǒ	apple
梨	lí	pear
桃子	táozi	peach
葡萄	pútáo	grape
西瓜	xīguā	water melon
橘子	júzi	tangerine; orange
草莓	cǎoméi	strawberry
香蕉	xiāngjiāo	banana
菠菜	bōcài	spinach
白菜	báicài	Chinese cabbage
芹菜	qíncài	celery
生菜	shēngcài	lettuce
香菜	xiāngcài	parsley
葱	cōng	scallion
蒜	suàn	garlic
姜	jiāng	ginger
辣椒	làjiāo	pepper
西红柿	xīhóngshì	tomato
黄瓜	huángguā	cucumber
胡萝卜	húluóbo	carrot
菜花	càihuā	cauliflower

Exercises on tips of the lesson（练习）

1. 回答问题：

1）你最喜欢吃的水果是什么？最不喜欢吃的水果是什么？为什么？

2）你认为哪种菜最好吃？哪种菜最不好吃？为什么？

3）你觉得哪些菜或者水果是甜的？你喜欢吃甜的东西吗？

4）你怕不怕辣？你觉得哪些东西是辣的？中国什么地方的菜比较辣？

5）哪些东西维生素C比较多？哪些东西蛋白质比较多？

6）你们国家出产（chūchǎn, produce）哪些水果？请给你的同学介绍一下。

2. Writing　写作练习："我做的菜最好吃"。

参考答案
Keys to Exercises

第一课

1. 我的朋友

☑ **快速略读练习 Scanning Reading Exercises**
　1. 二十一　2. 山口, 千一　3. 法国　4. 好 / 美国

☑ **首次阅读练习 Exercises After First Reading**
　1；5；2；4；3

☑ **二次阅读练习 Exercises After Second Reading**
一、1. 林欢今年二十二岁。　　2. 王小文会唱日文歌。
　　3. 山口先生会说英文。　　4. "我"的美国朋友姓马, 叫马真。
　　5. 王小文不是日本人。　　6. 林欢喜欢喝中国酒。

二、1. 不对　2. 对　3. 对　4. 不对　5. 不对　6. 不对

三、1-B；2-J；3-G；4-I；5-A；6-H；7-E；8-C；9-D；10-F

☑ **综合练习 Comprehensive Exercises**
一、1. rì–yì；　　2. shuō–xué；　3. rèn–jīn；　　4. zì–zhī；
　　5. cuò–shuō；6. gè–guó；　　7. fàn–huān；　　8. bāng–péng
二、1. 中国　　2. 什么　　3. 老师　　4. 同学　　5. 时候
　　6. 历史　　7. 明天　　8. 英文　　9. 先生　　10. 每天
　　11. 音乐　12. 学生　　13. xìng　14. jiào　15. shì
　　16. duō　17. dōu　　18. yě　　19. yǒu　　20. yào
　　21. yòng

三、1-A；2-B；3-C；4-B；5-B；6-C；7-A；8-B；9-C；10-A

五、1. 我姓王，叫王小文。　2. 她不会说英文。
　　3. 我的朋友都喜欢我。　4. 他说小马明年二十岁。
　　5. 他不是我的同学。　　6. 老师不知道他爱看小说。

2. 我的"父母"

☑ **快速略读练习 Scanning Reading Exercises**
   1. 一个月　2. 上海　3. 画画儿　4. 唱歌

☑ **首次阅读练习 Exercises After First Reading**
   4；1；2；3；5

☑ **二次阅读练习 Exercises After Second Reading**
一、1. 小张家有她妈妈画的画儿。
　　2. 小张的妈妈不是在北京上的大学。
　　3. 小张的爸爸会唱外国歌。
　　4. 教小张的妈妈画画儿的老师很有名。
　　5. "我"觉得小张的妈妈做的饭很好吃。
　　6. "我"不是每天都去小张家吃饭。

二、1. 不对　2. 对　3. 不对　4. 不对　5. 不对　6. 对

三、1-E；2-H；3-B；4-A；5-F；6-D；7-C；8-G

☑ **综合练习 Comprehensive Exercises**
一、1. cì–chī　2. qù–chī　3. zǎo–jāo　4. xiē–xuě
　　5. jié–jué　6. yǐng–yīn　7. huó–hòu　8. qǐ–qī

二、1. 非常　2. 觉得　3. 高兴　4. 父母　5. 电影
　　6. 生活　7. zìjǐ　8. yíyàng　9. jiālǐ　10. Shànghǎi

三、1-B；2-C；3-B；4-A；5-A；6-B；7-C；8-A；9-B；10-A

四、1. 我们不都认识他妈妈。　　5. 北京以前没有这么多人。
　　2. 除了你，我也喜欢小王。　6. 教我画画儿的老师很有名。

184

3. 我觉得你太喜欢唱歌了。　　7. 他们明年来中国工作。

4. 我们很快就成了好朋友。　　8. 他每个星期天都去看电影。

五、1. 小张很喜欢上海。

2. 我明天晚上要跟我朋友去看电影。

3. 毕业以后，我们要去外国工作。

4. 我们都不知道他要吃什么。

5. 在日本的时候，我们常常一起做饭。

6. 他说他要跟王老师学习中国历史。

☑ Exercises on tips of the lesson

1. 1) 三百零九；2) 二十四；3) 二十六；　4) 北京中学；5) 南京中学；

6) 学生人数；7) 二十六；8) 北京中学；9) 王；10) 一百四十二

第 二 课

1. 我的中国家

☑ 快速略读练习 Scanning Reading Exercises

1. 中国　2. 北京　3. 写电子邮件　4. 二十

☑ 首次阅读练习 Exercises After First Reading

4；1；6；2；3；5

☑ 二次阅读练习 Exercises After Second Reading

一、1. 有　2. 英国人　3. 在中国　4. 不知道　5. 不住在英国　6. 在中国

二、1. 对　2. 不对　3. 不对　4. 不对　5. 不对

三、1-F；2-C/G；3-D；4-E；5-A；6-G/C；7-H；8-B

☑ 综合练习 Comprehensive Exercises

一、1. kāi–kě　　2. zhù–qù　　3. chū–shū　　4. xiě–xiào

5. ràng–rán　6. huí–hái　7. qīn–xīng　8. niàn–jiàn

二、1. 爸爸　　　2. 哥哥　　　3. 结婚　　　4. 妈妈　　　5. 爷爷
　　6. 教书　　　7. 晚会　　　8. 意思　　　9. 已经　　　10. 电话
　　11. 弟弟　　12. 一定　　13. xiǎngniàn　14. yóujiàn　15. kāishǐ
　　16. chūshēng　17. hòulái　18. qīnqi　　19. xiào　　20. dǒng
　　21. yuánlái

三、1-C；2-A；3-B；4-B；5-A；6-B；7-B；8-B

五、1. 李老师在一所大学里教书。　　2. 他明年要跟那个女孩结婚。
　　3. 我想毕业以后去英国工作。　　4. 你晚上一定要给她打电话
　　5. 我是在中国认识她的。　　　　6. 小马现在还住在中国吗？

2. 老师的生日

☑ **快速略读练习 Scanning Reading Exercises**
　1. 李　2. 李老师　3. 花　4. 巧克力

☑ **二次阅读练习 Exercises after Second reading**
　一、1. 因为很多同学都很想家。
　　　2. 她觉得应该送老师好吃的水果。
　　　3. 小林觉得应该送老师法国酒，因为李老师喜欢喝外国酒。
　　　4. 李老师喜欢喝茶。
　　　5. 小马觉得应该买花。
　　　6. 小王有中国朋友。
　　　7. 最后，大家没有决定买什么。因为大家的想法不一样。
　　　8. 我觉得同学们很喜欢李老师。
　二、1. 不对　2. 对　3. 不对　4. 对　5. 不对　6. 对
　三、1-G；2-H；3-B；4-F；5-E；6-C/A；7-A；8-A/C

☑ **综合练习 Comprehensive Exercises**
　一、1. chá–jiā；　2. kě–guǒ；　3. cóng–sòng；　4. gěi–guì；
　　　5. huā–fǎ；　6. xǔ–shǐ；　7. zuì–duì；　8. guàn–huān
　二、1. 生日　　2. 决定　　3. 茶　　4. 买　　5. 水果

6. 也许   7. lǐwù   8. huòzhě 9. sòng   10. xíguàn
11. gāng 12. Hánguó 13. guì   14. zuìhòu 15. érqiě

三、1-C；2-B；3-C；4-A；5-B；6-A；7-C；8-C；9-A；10-A

四、1. 你可以送给他父母一些水果。　2. 我哥哥送我的茶很贵。
　　3. 大家都觉得送书不好。　　　　4. 她说小王不一定喜欢喝酒。
　　5. 他应该知道买什么礼物。　　　6. 他还是不习惯每天吃中国饭。

五、1. 她不一定知道小王的名字。
　　2. 明天也许是他的四十岁生日。
　　3. 他问我们想买什么。
　　4. 你为什么不喜欢他？他人很好，而且也很好看。
　　5. 他说他要每天给我写电子邮件。
　　6. 你可以告诉我你想喝什么吗？

六、1. 不对 2. 不对 3. 不对 4. 不对 5. 不对 6. 不对 7. 对 8. 对

☑ Exercises on tips of the lesson
1. B：十二点十五分。　　B：一点三十分。
　 B：十点零五分。　　　B：四点四十五分。
　 B：三点五十五分。
2. 1) 明天是 5 月 4 日，星期四。后天是 5 月 5 日，星期五。
　 2) 上个星期三是 4 月 26 日。下个星期一是 5 月 8 日。
　 3) 下个月是 6 月。上个月是 4 月。
　 4) 去年是 2000 年。前年是 1999 年。

第 三 课

1. 我的同屋

☑ 快速略读练习 Scanning Reading Exercises
　　1. 美国人 2. 不是 3. 八月 4. 六个

187

☑ 首次阅读练习 Exercises After First Reading

2；4；1；3；5

☑ 二次阅读练习 Exercises After Second Reading

一、1. 不是 2. 很不错 3. 中国 4. 念书。小林晚上也念书。
　　5. 他们觉得小钱很像中国人。 6. 羊肉

二、1. 对 2. 对 3. 不对 4. 不对 5. 不对 6. 不对

三、1-H；2-D；3-F；4-B；5-G；6-E；7-A；8-C

☑ 综合练习 Comprehensive Exercises

一、1. shè-shì　　2. děi-dài　　3. shòu-ròu　　4. jiàn-zhàn
　　5. yòng-yǒu　6. jī-jié　　　7. tóu-tóng　　8. sī-xī

二、1. 马上　　2. 介绍　　3. 同屋　　4. 很忙　　5. 机会　　6. 头发
　　7. 有名　　8. 电脑　　9. 见面　　10. 用功　　11. 倒茶　　12. 念书
　　13. liáotiān　14. yángròu　15. xīwàng　16. diǎncài　17. shòu
　　18. shēngyīn　19. sùshè　　20. zhàn　　21. qǐlái

三、1-C；2-B；3-B；4-A；5-B；6-B；7-C；8-B

四、1. 要是我是你，我就不告诉他。
　　2. 我奶奶不会说英文，我弟弟也不会说英文。
　　3. 我爸爸现在在一家电脑公司工作。
　　4. 同学们都说大张的声音跟我的声音很像。
　　5. 你可以不可以自我介绍一下。
　　6. 你明天请他吃饭，要多点一些菜。

五、1. 我以后有机会一定去中国。
　　2. 我喜欢吃我妈妈做的羊肉。
　　3. 我觉得他哥哥个子真是很高。
　　4. 他常常用电脑用到晚上十二点。
　　5. 菜多极了，我们吃不完。
　　6. 请你给他们倒一点儿茶。

2. 我看北京

☑ **快速略读练习 Scanning Reading Exercises**

　　1. 两个月　2. 自行车　3. 星期六　4. 两

☑ **首次阅读练习 Exercises After First Reading**

　　4；5；6；1；2；3

☑ **二次阅读练习 Exercises After Second Reading**

一、1. 因为骑自行车去上课很方便。　　2. 有卖书的。

　　3. 不贵，很便宜。　　　　　　　　4. 在公园、路边练习。

　　5. 可以买到。　　　　　　　　　　6. 他们很热情。

　　7. 因为坐出租车不太贵，而且可以跟司机练习中文。

　　8. 因为北京是一个很特别的地方。它让你想着过去，生活在现在，也看到将来。

二、1. 不对　2. 不对　3. 对　4. 不对　5. 不对　6. 不对

三、1-G；2-F；3-A/D；4-D/A；5-H；6-B；7-C；8-E

☑ **综合练习 Comprehensive Exercises**

一、1. jiāo–jiāng　　2. shī–sī　　3. chǎng–chéng　　4. zì–sī

　　5. qíng–chén　　6. cuò–zuò　　7. lǎo–lóu　　8. dài–tè

二、1. 方便　　2. 东西　　3. 过去　　4. 卖　　5. 自己

　　6. 上课　　7. tè bié　　8. chéngshì　　9. qí　　10. shàngbān

　　11. piányi　12. yīfu　　13. zǎochen　　14. rèqíng　　15. chūzūchē

三、1-B；2-A；3-B；4-A；5-B；6-C；7-B；8-C

四、1. 不知道为什么，今天小林高兴极了。

　　2. 他觉得骑自行车去上班很方便。

　　3. 他家附近有很多外国公司。

　　4. 他们有的是韩国人，有的是中国人。

　　5. 到中国以后，我越来越喜欢喝茶了。

五、除了／同屋／叫／这么／有／请／走／一样／问／还

第四课

1. 苏州

☑ **快速略读练习 Scanning Reading Exercises**
  1. 去年 2. 大，不少 3. 二十年 4. 累，忙

☑ **首次阅读练习 Exercises After First Reading**
  4；1；3；5；2

☑ **二次阅读练习 Exercises After Second Reading**
  一、1. "我"以前没去过苏州。因为"我终于有机会去了苏州"。
  　　2. "我"在苏州买地图了。
  　　3. 苏州有很多好看的庙。
  　　4. "我"觉得夏天去苏州的人很多。
  　　5. 还可以看戏。
  　　6. 二十年以前的苏州更美，更好玩。
  二、1. 不对 2. 对 3. 不对 4. 不对 5. 不对 6. 对
  三、1-B；2-D；3-A；4-G；5-F；6-E；7-C；8-H

☑ **综合练习 Comprehensive Exercises**
  一、1. chūn-qiū   2. shì-xì   3. sè-shì   4. xiě-xuě
  　　5. rè-yè   6. jié-xiē   7. chù-qù   8. zhōng-dōng
  二、1. 地图   2. 花园   3. 容易   4. 风景   5. 故事
  　　6. 天气   7. zhàopiàn   8. cháguǎn 9. kōngqì 10. jǐ
  　　11. bùguǎn   12. jìjié   13. rènao   14. kàn xì   15. tánhuà
  三、1-C；2-C；3-B；4-A；5-A；6-A；7-A；8-B
  五、组词成句。(Make sentences by using the following words.)
  　　1. 他们说学中文很容易。

2. 听说那里好玩儿的地方很多。

3. 小李毕业以后很快就找到了工作。

4. 春天是我最喜欢的季节。

5. 宿舍里到处都是他的衣服。

6. 我妹妹总是让人给她讲故事。

2. 瑞士小城

☑ **快速略读练习 Scanning Reading Exercises**

1. 六月 2. 好玩 3. 古老 4. 西边

☑ **首次阅读练习 Exercises After First Reading**

2；5；3；4；1

☑ **二次阅读练习 Exercises After Second Reading**

一、1. 不对 2. 不对 3. 不对 4. 不对 5. 对 6. 不对

二、1. 因为我有几个朋友去过，他们都说那儿很美，应该去玩儿玩儿。

2. 在瑞士，你觉得好像是到了另外一个世界。

3. 那里的人都很有礼貌，说话的声音轻轻的。

4. "我"不是秋季去瑞士的。

5. 小城西边的湖很美。

6. 湖边没有饭馆和酒馆。

三、1-C；2-D；3-G；4-H；5-F；6-A；7-B；8-E

☑ **综合练习 Comprehensive Exercises**

一、1. quán–chuán 2. yuǎn–yǎn 3. qī–jì 4. lù–lǜ
　　5. lán–nán 6. kě–kā 7. jiè–qiè 8. jìng–xìng

二、1. 应该 2. 红日 3. 花草 4. 女孩 5. 工作
　　6. 早晨 7. 另外 8. 很轻 9. 很远 10. 到处
　　11. 已经 12. 公园 13. piàoliang 14. lǐmào 15. yánsè
　　16. hú 17. huáng 18. chuán 19. měilì 20. xiūxi

21. kōngqì

三、1-C；2-A；3-C；4-A；5-C；6-B；7-C；8-A

四、1. 我过去的一切我妈妈已经都告诉你了。

2. 我父母去过世界上二十多个国家。

3. 这是我们喜欢的那个小城的照片。

4. 很多人都说上海到处都是人。

5. 秋天的时候，这儿的天蓝极了，非常漂亮。

6. 我的性情跟我爸爸的性情不一样。

五、1. 让妈妈高兴的是我找到工作了。　2. 他们的宿舍总是非常干净。

3. 你说有没有另外一个世界？　4. 这里有各种颜色的花。

5. 这所大学的北边是一个市场。　6. 这个孩子变得更可爱了。

第 五 课

1. 世界上的语言

☑ **快速略读练习 Scanning Reading Exercises**

1. 一种　2. 巴别　3. 十几　4. 中国

☑ **首次阅读练习 Exercises After First Reading**

2；1；4；5；3；6；7

☑ **二次阅读练习 Exercises After Second Reading**

一、1. 是为了能去天堂。

2. 天神怕人建成了塔，都到天堂来，神就没有地方住了。
   天神让每个国家的人说不同的语言，让他们听不懂别的国家的人说的话。

3. 神住在天堂。

4. 中国人口最多。

5. 汉语有声调；汉字好像是一些图画，和西方文字很不一样。

6. 因为对中国有兴趣的人越来越多了。

二、1. 不对 2. 不对 3. 不对 4. 对 5. 不对 6. 不对 7. 对 8. 不对

三、1-C；2-E；3-B；4-A；5-H；6-G/D；7-F；8-D/G

☑ 综合练习 Comprehensive Exercises

一、1. zì–cì   2. dú–tú   3. shí–zhí   4. shén–shēng
　　5. jiāo–zháo 6. děng–dǒng 7. qiān–jiǎn 8. tǎ–dà

二、1. 办法 2. 语言 3. 汉字 4. 比方说 5. 或者
　　6. 世界 7. yǐwéi 8. xìngqù 9. tiāntáng 10. jiàn
　　11. lǚxíng 12. shén 13. shēngdiào 14. rúguǒ 15. zháojí

三、1-A；2-B；3-B；4-A；5-A；6-B；7-C；8-B

五、1. 那时候人们去外国旅行很方便。 2. 小林总是想做什么就做什么。
　　3. 这里的东西一天比一天贵。 4. 对中国有兴趣的人很多。
　　5. 他希望将来去外国工作。 6. 汉语和法语有很大的不同。

2. 北方话和南方话

☑ 快速略读练习 Scanning Reading Exercises

1. 中国的北方话 2. 上海话 3. 都是一样的 4. 山东人

☑ 二次阅读练习 Exercises After Second Reading

二、1. 不对 2. 不对 3. 对 4. 不对 5. 不对 6. 对 7. 对 8. 对

三、1-D；2-A；3-G；4-C；5-B；6-H；7-E；8-F

☑ 综合练习 Comprehensive Exercises

一、1. xué–shuō 2. fāng–fēng 3. duō–dōu 4. qí–jí
　　5. chéng–qíng 6. rán–rén 7. guò–guǎn 8. nán–lán

二、1. 完全 2. 发音 3. 对方 4. 但是 5. 问题
　　6. 学校 7. hùxiāng 8. yāoqiú 9. zhèngfǔ 10. qíngkuàng
　　11. jìn 12. pǔtōnghuà 13. hǎoxiàng 14. qíguài 15. nán

三、1-A；2-B；3-C；4-C；5-B；6-A；7-B；8-A

四、1. 小王觉得李先生说的日语更难懂。 2. 中国人的生活比以前好多了。

193

3. 大家每天在一起，应该互相帮助。 4. 我总是听不懂她说的汉语。

5. 三、四十年前，中国人很少有机会去外国旅行。

五、1. 你们觉得学汉语难吗？ 2. 南方和北方有很大的不同。

3. 我没听懂你的意思。 4. 现在小林的宿舍干净多了。

5. 他可能没有学过日语。 6. 从他们家到学校去很近。

第 六 课

1. 出国以前

☑ **快速略读练习 Scanning Reading Exercises**

1. 上中学的时候 2. 上了大学 3. 半年以前

4. 再过两个星期 5. 昨天下午 6. 下个星期

☑ **首次阅读练习 Exercises After First Reading**

5；6；4；2；1；3

☑ **二次阅读练习 Exercises After Second Reading**

一、1. 我对中国文化有了很大的兴趣。

2. 对，我读了很多介绍中国的书。因为我想了解中国。

3. 我没有去过中国的长城。

4. 以前不送学中国历史的学生去北京留学。

5. 我父母很高兴。

6. 我不了解中国人的送礼习惯。

二、1. 不对 2. 不对 3. 对 4. 不对 5. 不对 6. 不对 7. 对 8. 对

三、1-A；2-E；3-F；4-C；5-G；6-B；7-D；8-H

☑ **综合练习 Comprehensive Exercises**

一、1. 文化   2. 关系   3. 长城   4. 古老   5. 消息   6. 平常

7. 礼物   8. 习惯   9. 商店   10. 容易   11. 喜欢   12. 家庭

13. zhǔnbèi   14. jīdòng   15. liǎojiě   16. qīngchu   17. jīngjù

18. xìngyùn   19. liúxué   20. tūrán   21. chūguó

三、1-C；2-B；3-A；4-C；5-A；6-B；7-C；8-C；9-A；10-B

四、1. 除了 2. 可能 3. 完全 4. 突然 5. 休息
6. 一定 7. 消息 8. 决定 9. 也许 10. 虽然

五、1. 我们学校每年送三名学生去日本留学。
2. 小李说两年以前,他就不跟父母一起住了。
3. 你去中国的时候,可以给我买一点儿好茶吗?
4. 我们对他一点儿都不了解。
5. 你越不想告诉他,他越想知道。
6. 在这种地方一定不容易买到咖啡。

六、1. 他的生活习惯非常奇怪。　　2. 我希望早一点儿去中国。
3. 所有的人都认识王老师。　　4. 谁得到了去法国留学的机会?
5. 老师很了解学生们的学习情况。 6. 你应该把这个消息告诉父母。

2. 北京大学

✓ 快速略读练习 Scanning Reading Exercises
1. 北京 2. 中北部 3. 校门 4. 南部 5. 一百 6. 世界各地

✓ 首次阅读练习 Exercises After First Reading
1-A；2-B；3-C；4-B；5-C；6-A

✓ 二次阅读练习 Exercises After Second Reading
一、1. 在北京城的西北部。
2. 风景很美。
3. 喜欢到湖边看书、聊天或者想问题。
4. 外文书很多。
5. 新图书馆很大。它是1998年建的。
6. 从世界各地来的。他们学习语言、历史、文学、法律和科学等。

二、1. 不对 2. 对 3. 对 4. 对 5. 不对 6. 不对 7. 不对 8. 不对

三、现代—古代；南面—北面；远—近；以前—以后；

195

来—去；老—少；西部—东部；里—外

☑ **综合练习 Comprehensive Exercises**

一、1. 东面　2. 校门　3. 文学　4. 南面　5. 书店　6. 校园
7. 银行　8. 古代　9. 热闹　10. 宿舍　11. 上课　12. 风景
13. shítáng　14. bàngōngshì　15. túshūguǎn　16. fǎlǜ
17. shǒudū　18. yóujú　19. lìngwài　20. yīyuàn　21. kēxué

三、1-B；2-A；3-A；4-B；5-C；6-A；7-C；8-A；9-B；10-A

四、1；3；6；4；5；2

五、1. 宿舍楼西边是一家银行和一个图书馆。
2. 如果你从北门进来，你就可以看到那个小湖。
3. 我每天跟她聊天主要是想练习说中文。
4. 每天有很多人从世界各地到中国旅行。
5. 我妈妈希望我们每天都在家里吃晚饭。
6. 他们每个星期只上四天课。

六、1. 饭馆的北边是外文书店。　2. 那家酒吧里面总是很热闹。
3. 上海在中国的东部。　4. 小林喜欢去湖边看书。
5. 他到中国主要是学习中国历史。　6. 从这儿往东走不远有一个饭馆。

☑ **Exercises on tips of the lesson**

1. 1）夏季

2）今天天气闷热，不凉快。

3）明天的温度没有今天的高。

4）明天天气不好。因为天气阴，有中到大雨。

5）不都是。

6）明天晚上天气比较好。

第 七 课

1. 给朋友的一封信

☑ **快速略读练习 Scanning Reading Exercises**

1. 半 2. 上学 3. 两 4. 电脑 5. 四 6. 小说

☑ **首次阅读练习 Exercises After First Reading**

1；7；3；5；6；4；2

☑ **二次阅读练习 Exercises After Second Reading**

一、1. 是海生写的。

2. 跟电脑有关系。

3. 有孩子；孩子叫林林。

4. 是从北京来的。

5. 为了有更多的时间跟林林在一起。

6. 住房不便宜；吃的东西很便宜。

二、1. 对 2. 不对 3. 对 4. 不对 5. 对 6. 不对 7. 对 8. 不对

三、1-I；2-C；3-B；4-J；5-A；6-D；7-F；8-G；9-E；10-H

☑ **综合练习 Comprehensive Exercises**

一、1. 时间 2. 写信 3. 照片 4. 习惯 5. 休息 6. 虽然
7. 联系 8. 帮助 9. 住房 10. 开始 11. 房租 12. 地方
13. xīnxiān 14. shōurù 15. jì 16. zhōumò 17. jìnbù
18. zuìjìn 19. nánwàng 20. jìde 21. kǔ

三、1-B；2-C；3-A；4-A；5-C；6-B；7-C；8-B；9-A；10-B

四、1. 最近 2. 原谅 3. 或者 4. 照 5. 留
6. 为了 7. 记得 8. 周末 9. 进步 10. 而且

五、1. 要是你常常休息不够,你就会觉得很累。

2. 虽然我在日本的时候学了很长时间的中文,我的中文还是不太好。

3. 我刚买的这台电脑比以前的那台电脑快多了。

4. 到了上海,我就不常有时间跟父母在一起吃饭了。

5. 这个商店有很多跟那个商店一样的东西。

6. 你明天可以不可以早一点儿来上班?

六、1. 我很多时间都是花在做饭上。 2. 我上次在图书馆看到了这本书。

3. 我现在真怕跟他见面。 4. 这个工作对我来说不太累。

5. 昨天晚上我休息得不好。 6. 老师的书比我的书多多了。

七、1. 是文南写的。

2. 住在中国。

3. 她有妹妹;她信中问小妹好。

4. 不是文南的同屋。

5. 屋子有点儿小,但很新、很干净。

6. 不会回家。

7. 不对,她没有看完。

8. 她在上历史、文学、音乐和书法。

2. 一封申请信

☑ **快速略读练习 Scanning Reading Exercises**

1. 南京 2. 东京 3. 五月 4. 三年级 5. 语言 6. 03-5351-0914

☑ **二次阅读练习 Exercises After Second Reading**

一、1. 还没有毕业。今年五月毕业。

2. "我"从南京大学的网站上看到了他们找日文老师的的广告。

3. "我"会说中文,因为我学过。

4. 教过。教过三个夏天。

5. 在北京语言大学教日文。

6. 因为"我"在中国的教书生活很愉快。

二、1. 不对 2. 对 3. 不对 4. 不对 5. 不对 6. 不对 7. 对 8. 不对

三、1-C;2-G;3-J;4-A;5-I;6-D;7-E;8-B;9-H;10-F

☑ **综合练习 Comprehensive Exercises**

一、1. 广告　2. 毕业　3. 会话　4. 号码　5. 比较　6. 生活
　　7. 相信　8. 简历　9. 地址　10. 兴趣　11. 历史　12. 自己
　　13. zhuānyè　14. lùyòng　15. wǎngzhàn　16. yúkuài　17. shǔqī
　　18. liánxì　19. jīngyàn　20. jǐnkuài　21. suíshí

三、1-B；2-A；3-C；4-B；5-B；6-C；7-B；8-A；9-C；10-A

四、1. 经验　2. 尽快　3. 使　4. 详细　5. 相信　6. 知识　7. 广告

五、1. 你想了解中国的情况,就应该多看中文书。
　　2. 日本我去过三次,前两次是去玩儿,最后一次是去教书。
　　3. 李老师看过不少英语教学法的书。
　　4. 跟你一起工作,让我学了很多书上学不到的东西。
　　5. 他说让你给他打电话,你为什么不跟他联系呢?
　　6. 现在,像老高这样的好人越来越少了。

六、1. 我相信老李有很多经验。　　2. 我没有上过中国历史课。
　　3. 我希望有机会去国外看看。　4. 我每天学三个小时的中文。
　　5. 我学过两年英文教学法。　　6. 希望尽快得到您的回复。

第八课

1. 驴子和老虎

☑ **快速略读练习 Scanning Reading Exercises**
　1. 西南部　2. 大山　3. 高　4. 奇怪　5. 三　6. 着急

☑ **首次阅读练习 Exercises After First Reading**
　1；4；7；2；5；3；6

☑ **二次阅读练习 Exercises After Second Reading**
二、1. 对　　2. 不对　　3. 不对　　4. 对　　5. 不对
　　6. 不对　7. 不对　8. 对　　9. 不对　10. 不对

三、1-C；2-A；3-B；4-C；5-A；6-A

四、1-C；2-F；3-I；4-B；5-A；6-H；7-J；8-E；9-D；10-G

☑ 综合练习 Comprehensive Exercises

一、1. 可怕 2. 安静 3. 靠近 4. 奇怪 5. 清楚

三、1-A；2-B；3-C；4-C；5-A；6-B；7-C；8-A；9-B；10-A

四、1. 可怕   2. 头   3. 小心   4. 终于   5. 害怕
　　6. 棵   7. 吓   8. 熟悉   9. 只   10. 发现

五、1. 他没有什么特别的本领。   2. 看起来他个子比我高。
　　3. 你敢摸摸那头驴子吗？   4. 这件事我从来没有听说过。
　　5. 驴子心里又生气又害怕。   6. 那个孩子吓得马上躲在妈妈后面。

2. 猴王孙悟空

☑ 快速略读练习 Scanning Reading Exercises

　1. 唐 2. 佛经 3. 西方 4. 九十九 5. 几万 6. 大山

☑ 首次阅读练习 Exercises After First Reading

2；4；1；7；5；3；6

☑ 二次阅读练习 Exercises After Second Reading

二、1. 不对 2. 对 3. 对 4. 不对 5. 对 6. 不对 7. 不对 8. 对

三、1-D；2-C；3-H；4-F；5-A；6-E；7-J；8-G；9-B；10-I

☑ 综合练习 Comprehensive Exercises

一、1. 做官   2. 觉   3. 听话   4. 管教   5. 觉得   6. 生活
　　7. 猴子   8. 经过 9. 帮助   10. 时候   11. 佛经   12. 到处
　　13. kùnnan   14. lǎobǎixìng   15. huángdì   16. jiù   17. dǎbài
　　18. héshang   19. pá   20. yā   21. qiǎng

三、1-C；2-A；3-B；4-A；5-C；6-C；7-A；8-B；9-A；10-A

四、1. 终于 2. 管教 3. 经过 4. 碰到 5. 当 6. 叫做 7. 只好 8. 困难

五、1. 很多中国人把"坐出租车"叫做"打的"。

2. 我真的没有钱,我连买一瓶水的钱也没有。

3. 你说我应该请谁帮助我找到一个工作呢?

4. 孙悟空建了一个猴子国,自己当了国王。

5. 他从来不听父母的话,总是想做什么就做什么。

六、1. 唐僧把孙悟空从大山下面救了出来。

2. 他帮助我克服了很多困难。

3. 我听说那个人活了一百多岁。

4. 路上不但要爬高山,也要过大河。

5. 中国信佛教的人不太多。

6. 孙悟空真有这么大的本领吗?

第九课

1. 神医华佗

☑ **快速略读练习 Scanning Reading Exercises**

1. 医生 2. 最好 3. 知识 4. 神医 5. 庙

☑ **首次阅读练习 Exercises After First Reading**

1;5;3;7;4;2;8;6

☑ **二次阅读练习 Exercises After Second Reading**

二、1. 不对。 2. 不对 3. 对 4. 不对 5. 对
6. 不对 7. 对 8. 不对 9. 不对 10. 对

三、1-B;2-A;3-C;4-A;5-B;6-B

四、1-D/J;2-A;3-H;4-J/D;5-F;6-I;7-C;8-G;9-E;10-B

☑ **综合练习 Comprehensive Exercises**

一、1. 穷人 2. 生病 3. 只要 4. 努力 5. 头疼 6.制药
7.医生 8.仔细 9.忽然 10.一生 11.认字 12.然后
13.zhǎngdà 14.shénxian 15.yuànyì 16.jīngcháng

17.jiǎnchá　　　18.shāo　　　　19.gǎnxiè　　20.kānguǎn　　　21.bǎoliú

二、远—近；好—坏；特别—一般；便宜—贵；哭—笑；快—慢；
　　工作—休息；早—晚；前—后；坐—站；将来—过去；少—多；
　　买—卖；进—出；古老—现代；教—学；里—外；对—错；
　　晚上—早上；别人—自己

三、1-A；2-C；3-B；4-B；5-A；6-C；7-C；8-B；9-B；10-C

四、本领 / 仔细 / 忽然 / 检查 / 一直 / 治好 / 接着 / 帮忙

五、1. 他的话感动了所有的人。　　2. 那个医生忽然大喊起来。
　　3. 他不睡觉也要把这封信写完。　4. 现在我的头疼得不得了。
　　5. 他不愿意给我电话号码。　　6. 谁能治好他的病？

2. 关公看病

☑ **快速略读练习 Scanning Reading Exercises**
　1. 中国　2. 勇敢　3. 治病　4. 害怕　5. 好了　6. 神

☑ **首次阅读练习 Exercises After First Reading**
　4；7；1；8；5；2；6；3

☑ **二次阅读练习 Exercises After Second Reading**
二、1. 不对　2. 不对　3. 不对　4. 对　5. 不对　6. 不对　7. 对　8. 不对
三、1-B；2-A；3-C；4-C；5-B；6-A
四、1-C；2-D；3-F；4-A；5-J；6-E；7-I；8-B；9-G；10-H

☑ **综合练习 Comprehensive Exercises**
一、1. 手术　2. 在意　3. 下棋　4. 受不了　5. 愿意　6. 其实
　　7. 勇敢　8. 敌人　9. 肿　10. 水桶　11. 故事　12. 中(毒)
　　13. jiāngjūn　14. shǒubì　15. téngtòng　16. liú　17. yīngxióng
　　18. guā　　　19. xuě　　　20. gǔtou　　　21. dú
三、1-A；2-B；3-C；4-C；5-C；6-A；7-B；8-A
四、英雄 / 佩服 / 将军 / 叫做 / 打仗 / 而且 / 仔细 / 身体

五、1. 关公打仗的时候非常勇敢。　　2. 他经常牙疼得受不了。
　　3. 你必须忘掉过去的痛苦。　　4. 医生决定明天给那个孩子动手术。
　　5. 听说那种东西真的有毒。　　6. 关公为人们做了很多好事。

第十课

1. 中国素菜

☑ **快速略读练习 Scanning Reading Exercises**
　　1. 对身体也好　2. 有名的地方菜　3. 肉和鱼　4. 很长　5. 肉　6. 庙里

☑ **首次阅读练习 Exercises After First Reading**
　　2；8；1；3；7；5；6；4

☑ **二次阅读练习 Exercises After Second Reading**
　　二、1. 不对　2. 不对　3. 对　　4. 对　　5. 对
　　　　6. 不对　7. 不对　8. 不对　9. 不对　10. 对
　　三、1-A；2-C；3-A；4-B；5-C；6-A
　　四、1-D；2-E；3-G；4-A；5-F；6-C；7-J；8-B；9-I；10-H；

☑ **综合练习 Comprehensive Exercises**
　　一、1. 荤菜　2. 猪肉　3. 油　4. 将军　5. 首都
　　二、特别—非常　好看—漂亮　办法—方法　不过—可是　可能—也许
　　　　如果—要是　必须——定　突然—忽然　一直—总是　一辈子——生
　　三、1-C；2-B；3-B；4-A；5-B；6-A；7-C；8-B
　　四、1. 传统　2. 原因　3. 重要　4. 生命　5. 讲究　6. 研究　7. 营养　8. 种类

2. 天下第一菜

☑ **快速略读练习 Scanning Reading Exercises**
　　1. 美味　2. 清朝　3. 天子　4. 普通　5. 皇帝　6. 天下第一菜

☑ **首次阅读练习 Exercises After First Reading**

7；3；8；1；5；6；2；4

☑ **二次阅读练习 Exercises After Second Reading**

二、1. 不对 2. 对 3. 不对 4. 不对 5. 对 6. 不对 7. 不对 8. 不对

三、1-B；2-A；3-C；4-A；5-B；6-A

四、1-C；2-F；3-H；4-B；5-A；6-D；7-E；8-G

☑ **综合练习 Comprehensive Exercises**

一、1. 聪明　2. 管理　3. 强大　4. 总是　5. 饭馆　6. 虽然
　　7. 客人　8. 偷偷　9. 青菜　10. 各种各样　11. 愉快　12. 清楚
　　13. ānquán　14. è　15. chúshī　16. dāying　17. shèng
　　18. guōbā　19. suíbiàn　20. líkāi　21. qǐngqiú

二、再—又　愉快—高兴　一般—普通　简单—容易　用功—努力
　　读书—学习　好玩—有意思　以前—过去　爱—喜欢　讲—说

三、1-B；2-A；3-C；4-B；5-C；6-C

四、传统／美味／研究／治病／聪明／经常／发现／方法／唐朝／种类

五、1. 你给孩子起个名字吧。
　　2. 正在说话的那个小姐很聪明。
　　3. 请你把炒好的菜倒在锅巴上。
　　4. 你决定什么时候离开中国？
　　5. 官员们都换上了普通人的衣服。
　　6. 对不起，图书馆马上就要关门了。

生词表
Vocabulary Index

1. 爱	ài	v./n.	love; affection	01—1
2. 安静	ānjìng	sv.	peaceful; quite	08—1
3. 安全	ānquán	n./sv.	safety; safe	10—2
4. 把……当做	bǎ...dàngzuò	vp.	regard...as	09—2
5. 把……叫做	bǎ...jiàozuò	vp.	call...as...	08—2
6. 爸爸	bàba	n.	father	01—2
7. 巴别塔	Bābiétǎ	pn.	Babel	05—1
8. 班	bān	n.	class	07—2
9. 半	bàn	num.	half	02—2
10. 办法	bànfǎ	n.	way; means	05—1
11. 绑	bǎng	v.	tie; bind	09—2
12. 帮忙	bāngmáng	v.	help	08—2
13. 办公室	bàngōngshì	n.	office	06—2
14. 帮助	bāngzhù	v.	help; assist	01—1
15. 宝贝	bǎobèi	n.	treasure	08—2
16. 保留	bǎoliú	v.	preserve; retain	09—1
17. 保佑	bǎoyòu	v.	bless	10—1
18. 北方	běifāng	n.	north	05—2
19. 北京	Běijīng	pn.	Beijing (the capital of China)	01—1
20. 本	běn	m.	measure word	05—1
21. 本领	běnlǐng	n.	skill; ability	08—1
22. 比	bǐ	prep.	than	05—1
23. 笔	bǐ	n.	pen	10—2
24. 边	biān	n.	side	03—2

205

25. 变成	biànchéng	v.	become; turn into	04—1
26. 变得	biànde	v.	become	04—2
27. 别	bié	adv.	(advise sb.) not to	10—1
28. 别的	biéde	pron.	other	07—1
29. 别人	biéren	pron.	others; other people	01—1
30. 比方说	bǐfāng shuō	ie	for example	05—1
31. 比较	bǐjiào	adv.	relatively	07—1
32. 必须	bìxū	v.	must	05—1
33. 毕业	bìyè	v.	graduate; finish school	01—2
34. 部	bù	n.	part	06—2
35. 不错	búcuò	sv.	not bad; pretty good	01—1
36. 不但	búdàn	conj.	not only	07—2
37. 不得了	bù dé liǎo	adv.	very; extremely	09—1
38. 不管……都	bùguǎn...dōu	conj.	regardless of; no matter	04—1
39. 不过	búguò	conj.	but; however; only	05—2
40. 不好意思	bùhǎoyìsi	ie	feel embarrassed	02—1
41. 不久	bùjiǔ	n.	before long; soon	03—1
42. 不同	bùtóng	sv.	different	04—2
43. 不一定	bùyídìng		not sure	02—2
44. 才	cái	adv.	just; only	02—1
45. 采	cǎi	v.	pick; collect	09—1
46. 菜	cài	n.	vegetable; dish	01—2
47. 草	cǎo	n.	grass	04—2
48. 曹操	Cáo Cāo	pn.	a famous general during the Three Kingdoms era	09—1
49. 茶	chá	n.	tea	02—2
50. 差	chà	sv.	worse	09—1
51. 差不多	chàbuduō	adv.	almost	01—2

52. 茶馆	cháguǎn	n.	teahouse	04—1
53. 唱	chàng	v.	sing	01—1
54. 尝尝	chángchang	vp.	taste; try	06—1
55. 常常	chángcháng	adv.	often; frequently	01—1
56. 长城	Chángchéng	n.	the Great Wall	06—1
57. 炒菜	chǎo cài	n.	fried dish	10—1
58. V—成	chéng	suffix.	succeed (in doing sth.)	05—1
59. 成了	chéng le	v.	become	01—2
60. 城里	chénglǐ	n.	downtown	03—2
61. 吃	chī	v.	eat; take	01—1
62. 吃不完	chī bù wán	vp.	can not finish th food	03—1
63. 船	chuán	n.	boat; ship	04—2
64. 传	chuán	v.	spread	09—2
65. 传统	chuántǒng	n.	tradition	10—1
66. 出国	chū guó	vo.	go abroad	06—1
67. 除了……也	chúle...yě...	conj.	besides	01—2
68. 除了……以外	chúle...yǐwài	conj.	besides; except	04—1
69. 春安	chūn'ān	ie	have a peaceful spring	07—1
70. 春天	chūntiān	n.	spring	04—1
71. 出生	chūshēng	v.	be born	02—1
72. 厨师	chúshī	n.	chef; cook	10—2
73. 出租车	chūzūchē	n.	taxi	03—2
74. 次	cì	m.	time	01—2
75. 此致	cǐzhì	v.	with greetings	07—2
76. 从	cóng	prep.	from	01—2
77. 从……起	cóng...qǐ	prep.	from	06—1
78. 从来不	cónglái bù	adv.	never	09—1
79. 从来没有	cónglái méiyǒu	adv.	never	08—1
80. 聪明	cōngmíng	sv.	clever; bright	10—2

207

81.	从小	cóngxiǎo	adv.	from childhood; as a child	02—1
82.	粗	cū	sv.	thick	09—2
83.	打	dǎ	v.	fight	08—2
84.	打败	dǎbài	v.	defeat	08—2
85.	打不过	dǎ bú guò	vp.	can not conquer	08—2
86.	打电话	dǎ diànhuà	vo.	call; phone	02—1
87.	大概	dàgài	adv.	probably; mainly	10—1
88.	带	dài	v.	bring; carry	03—1
89.	大家	dàjiā	pron.	everybody	02—2
90.	当然	dāngrán	adv.	of course; certainly	09—2
91.	但是	dànshì	conj.	but; however	05—2
92.	刀	dāo	n.	knife	09—2
93.	倒	dào	v.	pour	03—1
94.	到	dào	v.	arrive	02—2
95.	道	dào	m.	measure word	10—2
96.	到……来	dào...lái	vp.	come to	02—1
97.	到……去	dào...qù	vp.	go to	03—2
98.	到处	dàochù	n.	everywhere	04—1
99.	大声	dàshēng	adv.	a loud	03—2
100.	大王	dàwáng	n.	king	08—1
101.	大学	dàxué	n.	college; university	01—1
102.	答应	dāying	v.	promise; agree	10—2
103.	打仗	dǎ zhàng	vo.	fight a war	09—2
104.	得病	débìng	vo.	be sick	09—1
105.	得到	dédào	v.	get; obtain; receive	06—1
106.	德国	Déguó	pn.	Germany	02—2
107.	等	děng	p.	and so on	06—2
108.	底	dǐ	n.	bottom	10—2
109.	第	dì	prefix.	marker of ordinal numbers	01—1
110.	点	diǎn	v.	order (dishes)	03—1

111.	电脑	diànnǎo	n.	computer	03—1
112.	电影	diànyǐng	n.	film; movie	01—2
113.	电子邮件	diànzǐ yóujiàn	n.	e-mail	02—1
114.	弟弟	dìdi	sv.	younger brother	02—1
115.	地方	dìfang	n.	place	04—1
116.	地方话	dìfānghuà	n.	dialect	05—2
117.	敌人	dírén	n.	enemy	09—2
118.	地图	dìtú	n.	map	04—1
119.	地址	dìzhǐ	n.	address	07—2
120.	动	dòng	v.	move	09—2
121.	懂	dǒng	v.	understand	02—1
122.	动手术	dòng shǒushù	vo.	have an operation; perform an operation	09—2
123.	东京	Dōngjīng	pn.	Tokyo	07—2
124.	东面	dōngmian	n.	east	06—2
125.	冬天	dōngtiān	n.	winter	04—1
126.	动物	dòngwù	n.	anima	08—1
127.	东西	dōngxi	n.	thing	03—2
128.	都	dōu	adv.	all; both	01—1
129.	豆腐	dòufu	n.	bean curd	10—1
130.	毒	dú	n.	poison	09—2
131.	段	duàn	m.	segment	07—2
132.	对	duì	sv.	correct; right	02—2
133.	对……来说	duì...láishuō	prep.	to (sth./sb); from...perspective	07—1
134.	对……有兴趣	duì...yǒu xìngqù	vp.	be interested in	05—1
135.	对不起	duì bu qǐ	v.	sorry; excuse me	10—2
136.	对方	duìfāng	n.	the other side	05—2
137.	顿	dùn	m.	measure word	06—1
138.	多	duō	sv.	many	01—1
139.	躲	duǒ	v.	hide	08—1
140.	读书	dú shū	vo.	read; study	02—1

141.	读书人	dúshūrén	n.	intellectual	08—2
142.	饿	è	sv.	hungry	10—2
143.	耳朵	ěrduo	n.	ear	08—1
144.	而且	érqiě	conj.	and	02—2
145.	发达	fādá	sv.	developed; flourishing	10—1
146.	法国	Fǎguó	pn.	France	01—1
147.	法律	fǎlǜ	n.	law	06—2
148.	饭店	fàndiàn	n.	restaurant; hotel	03—2
149.	放	fàng	v.	put	10—1
150.	方便	fāngbiàn	sv./n.	convenient; convenience	03—2
151.	方法	fāngfǎ	n.	method; means	07—2
152.	房租	fángzū	n.	rent	07—1
153.	法文	Fǎwén	n.	French	01—1
154.	发现	fāxiàn	v.	discover; find	08—1
155.	发音	fāyīn	n.	pronunciation	05—2
156.	非常	fēicháng	adv.	very; extremely	01—2
157.	份	fèn	m.	measure word	10—1
158.	分成	fēnchéng	vp.	be divided into	10—1
159.	封	fēng	m.	measure word (for letter)	07—1
160.	风	fēng	n.	wind; breeze	04—2
161.	风景	fēngjǐng	n.	scenery	04—1
162.	佛教	Fójiào	n.	Buddhism	08—2
163.	佛经	fójīng	n.	Buddhist sutra	08—2
164.	幅	fú	m.	measure word	04—2
165.	附近	fùjìn	n./sv.	in the vicinity; nearby	03—2
166.	父母	fùmǔ	n.	parent	01—2
167.	干	gān	sv.	dry	10—2
168.	敢	gǎn	v.	dare	08—1

169.	感动	gǎndòng	v.	move; touch	09—1
170.	刚	gāng	adv.	just; only a short while ago	02—2
171.	干净	gānjìng	sv.	clean; neat	04—2
172.	感谢	gǎnxiè	v.	thank	09—1
173.	感兴趣	gǎn xìngqù	sv.	be interested in	07—2
174.	高	gāo	sv.	tall; high	03—1
175.	告诉	gàosu	v.	tell; let know	01—2
176.	高兴	gāoxìng	sv.	glad; happy	01—2
177.	高中	gāozhōng	n.	high school	06—1
178.	歌	gē	n.	song	01—1
179.	各地	gèdì	n.	everywhere	06—2
180.	割掉	gēdiào	vp.	slice off	09—2
181.	哥哥	gēge	n.	elder brother	02—1
182.	给	gěi	cv.	give; grant	01—1
183.	割开	gēkāi	vp.	cut open; rip	09—2
184.	跟	gēn	cv.	with; and; follow	02—2
185.	跟……见面	gēn...jiàn miàn	vp.	meet	03—1
186.	跟……一样	gēn...yíyàng	vp.	the same as	01—2
187.	更	gèng	adv.	more; even more	04—1
188.	跟着	gēnzhe	vp.	follow	08—2
189.	各种各样	gè zhǒng gè yàng	ie	various; a great variety of	03—2
190.	个子	gèzi	n.	height; stature	03—1
191.	宫殿	gōngdiàn	n.	palace	06—2
192.	公司	gōngsī	n.	company	03—1
193.	宫廷	gōngtíng	n.	palace; royal court	10—2
194.	公园	gōngyuán	n.	park	03—2
195.	工作	gōngzuò	v.	work	01—2
196.	够	gòu	sv.	enough; adequate	07—1
197.	刮	guā	v.	scratch; scrape	09—2
198.	关	guān	v.	lockup; imprison	09—1

199. 广东	Guǎngdōng	*pn.*	Guangdong province	10—1
200. 广告	guǎnggào	*n.*	advertisement	07—2
201. 关公	Guāngōng	*pn.*	name of a legendary general	09—2
202. 广州	Guǎngzhōu	*pn.*	Guangzhou (a city in China)	06—1
203. 管教	guǎnjiào	*v.*	subject sb. to discipline	08—2
204. 管理	guǎnlǐ	*v.*	manage	10—2
205. 关门	guān mén	*vo.*	close the door	10—2
206. 关系	guānxi	*n.*	relation; connection	06—1
207. 官员	guānyuán	*n.*	official	10—2
208. 贵	guì	*sv.*	expensive; costly	02—2
209. 鬼怪	guǐguài	*n.*	ghosts and monsters; forces of evil	08—2
210. 古老	gǔlǎo	*sv.*	ancient	03—2
211. 过	guò	*v.*	pass; celebrate	02—2
212. V-过	guò	*suffix.*	(experiential aspect marker)	03—1
213. 锅巴	guōbā	*n.*	rice crust	10—2
214. 国家	guójiā	*n.*	nation; country	05—1
215. 国内	guónèi	*n.*	domestic	07—1
216. 过去	guòqù	*n.*	past	03—2
217. 故事	gùshi	*n.*	story	04—1
218. 骨头	gǔtou	*n.*	bone	09—2
219. 哈哈	hāha	*onom.*	haw-haw	09—2
220. 还	hái	*adv.*	still	02—1
221. 海	hǎi	*n.*	sea	08—2
222. 害怕	hàipà	*v.*	be afraid; be scared	08—1
223. 孩子	háizi	*n.*	child	02—1
224. 喊	hǎn	*v.*	shout	09—1
225. 韩国	Hánguó	*pn.*	Korea	02—2

226. 汉语	Hànyǔ	n.	Chinese language	05—1
227. 汉字	Hànzì	n.	Chinese characters	05—1
228. 好吃	hǎochī	sv.	delicious; tasty	01—2
229. 好好	hǎohāor	adv.	all out; to one's heart's content	04—1
230. 号码	hàomǎ	n.	number	07—2
231. 好听	hǎotīng	sv.	pleasant to hear	03—1
232. 好玩	hǎowánr	sv.	amusing; interesting	04—1
233. 好像	hǎoxiàng	adv.	seem; be like	05—2
234. 喝	hē	v.	drink	01—1
235. 和	hé	conj.	and	01—1
236. 黑	hēi	sv.	black	09—2
237. 很	hěn	adv.	very; quite	01—1
238. 很少	hěnshǎo	adv.	few; seldom	05—2
239. 和尚	héshang	n.	monk	08—2
240. 红	hóng	sv.	red	04—1
241. 后来	hòulái	n.	afterwards; later	02—1
242. 后面	hòumian	n.	behind	04—2
243. 猴子	hóuzi	n.	monkey	08—2
244. 湖	hú	n.	lake	04—2
245. 花	huā	n.	flower	02—2
246. 花	huā	v.	spend	07—1
247. 画	huà	v.	paint; draw	01—2
248. 话	huà	n.	words	02—2
249. 华佗	Huà Tuó	pn.	name of a legendary doctor	09—1
250. 坏	huài	sv.	bad; badly	08—1
251. 坏人	huàirén	n.	villain; bad person	08—2
252. 换	huàn	v.	change	10—2
253. 黄	huáng	sv.	yellow	03—1
254. 皇帝	huángdì	n.	emperor	08—2
255. 画儿	huàr	n.	painting; picture	01—2

#	词	拼音	词性	释义	课
256.	花园	huāyuán	n.	garden	04—1
257.	回	huí	v.	go back; return	02—1
258.	会	huì	v.	can; be able to; will	01—1
259.	回复	huífù	v.	reply	07—2
260.	会话	huìhuà	n.	conversation; dialogue	07—2
261.	荤菜	hūncài	n.	meat dish	10—1
262.	活	huó	v.	live	08—2
263.	火	huǒ	n.	fire	08—2
264.	或者	huòzhě	conj.	or; either...or...	02—2
265.	忽然	hūrán	adv.	suddenly	09—1
266.	互相	hùxiāng	adv.	each other	05—2
267.	急	jí	sv.	anxious; irritated	07—1
268.	挤	jǐ	sv.	crowded	04—1
269.	几	jǐ	num.	several	04—2
270.	寄	jì	v.	send; mail	07—1
271.	家	jiā	n.	home; family	01—2
272.	家	jiā	m.	measure word	03—1
273.	煎	jiān	v.	fry	10—1
274.	件	jiàn	m.	piece	02—2
275.	建	jiàn	v.	build; set up	05—1
276.	箭	jiàn	n.	arrow	09—2
277.	检查	jiǎnchá	v.	examine; check	09—1
278.	简单	jiǎndān	sv.	simple	01—2
279.	见到	jiàndào	v.	see	08—1
280.	讲	jiǎng	v.	tell; speak; say	01—2
281.	讲究	jiǎngjiu	v.	pay attention to	10—1
282.	将军	jiāngjūn	n.	general	09—2
283.	将来	jiānglái	n.	future	03—2
284.	简历	jiǎnlì	n.	resume	07—2
285.	监狱	jiānyù	n.	jail; prison	09—1

#	词	拼音	词性	英文	课
286.	教	jiāo	v.	teach; instruct	01—2
287.	交	jiāo	v.	make (friends)	03—2
288.	叫	jiào	v.	be called; call	01—1
289.	叫	jiào	v.	shout	08—1
290.	骄傲	jiāo'ào	sv.	proud; pretentious	05—1
291.	教书	jiāo shū	vo.	teach	02—1
292.	教学	jiàoxué	n.	teaching	06—2
293.	加上	jiāshang	conj.	plus; in addition	10—1
294.	家庭	jiātíng	n.	family	06—1
295.	鸡蛋	jīdàn	n.	egg	10—1
296.	记得	jìde	v.	remember; recall	07—1
297.	激动	jīdòng	sv.	excited	06—1
298.	结婚	jié hūn	vo.	marry; get married	01—2
299.	介绍	jièshào	v./n.	introduce; introduction	01—1
300.	接着	jiēzhe	conj.	afterwards; in succession	08—2
301.	机会	jīhuì	n.	opportunity; chance	03—1
302.	季节	jìjié	n.	season	04—1
303.	-极了	jíle	adv.	extremely	03—1
304.	进	jìn	v.	enter	03—1
305.	近	jìn	sv.	close; near	05—2
306.	进步	jìnbù	v./n.	improve; progress	07—1
307.	经常	jīngcháng	adv.	often; usually	10—1
308.	经过	jīngguò	v.	pass; go through	08—2
309.	静静	jìngjìng	adv.	quietly; peacefully	04—1
310.	京剧	jīngjù	n.	Peking opera	06—1
311.	敬礼	jìng lǐ		respectfully yours (letter closure)	07—2
312.	景色	jǐngsè	n.	scenery	04—2
313.	经验	jīngyàn	n.	experience	07—2
314.	尽快	jǐnkuài	adv.	as soon as possible	07—2

315.	进来	jìnlái	v.	come in	06—2
316.	今年	jīnnián	n.	this year	01—1
317.	酒	jiǔ	n.	wine；liquor；spirits	01—1
318.	久	jiǔ	sv.	for a long time；long	05—1
319.	就	jiù	adv.	exactly；precisely	03—2
320.	救	jiù	v.	rescue	08—2
321.	酒吧	jiǔbā	n.	bar	06—2
322.	就是……也	jiùshì...yě	conj.	even；even if	10—1
323.	觉得	juéde	v.	think；feel	01—2
324.	决定	juédìng	v./n.	decide；decision	02—2
325.	咖啡馆	kāfēiguǎn	n.	coffee shop	04—2
326.	开	kāi	v.	open；come into bloom	04—1
◆ 327.	开始	kāishǐ	v.	begin；start	01—2
328.	开玩笑	kāi wánxiào	vo.	joke	10—2
329.	看	kàn	v.	read；look；see	01—1
330.	看病	kàn bìng	vo.	(of a doctor) examine a patient；see a doctor	09—1
331.	看到	kàndào	v.	see	03—1
332.	看得出来	kàn de chūlái	vp.	one can tell；seemingly	07—1
333.	看管	kānguǎn	v.	guard；watch	09—1
334.	看过去	kànguòqù	vp.	look into the distance	04—2
335.	看起来	kànqǐlái	vp.	look；appear	08—1
336.	看上去	kàn shàngqu	vp.	seem；look	04—2
337.	考	kǎo	v.	test	09—1
338.	靠近	kàojìn	v.	approach；draw near	08—1
339.	棵	kē	m.	measure word (for trees)	08—1

216

#	词	拼音	词性	释义	课
340.	可爱	kě'ài	sv.	lovely	04—2
341.	克服	kèfú	v.	overcome	08—2
342.	可能	kěnéng	adv.	probably	05—2
343.	可怕	kěpà	sv.	frightening; terrible	08—1
344.	客人	kèrén	n.	guest; visitor	10—2
345.	可是	kěshì	conj.	but	02—1
346.	科学	kēxué	n.	science	06—2
347.	可以	kěyǐ	v.	can; may	01—2
348.	空气	kōngqì	n.	air	04—1
349.	哭	kū	v.	cry; weep	07—1
350.	苦	kǔ	sv.	feel bad; suffering	07—1
351.	快	kuài	sv.	quick; fast	01—2
352.	困难	kùnnan	n./sv.	difficulty; difficult	08—2
353.	来	lái	v.	come	01—2
354.	来到	láidào	v.	arrive; come to	01—2
355.	蓝	lán	sv.	blue	04—1
356.	老百姓	lǎobǎixìng	n.	civilian; ordinary people	08—2
357.	老虎	lǎohǔ	n.	tiger	08—1
358.	老师	lǎoshī	n.	teacher	01—1
359.	累	lèi	sv.	tired	03—1
360.	李	Lǐ	n.	a surname	01—1
361.	里	lǐ	n.	in; inside; within	01—2
362.	理	lǐ	v.	pay attention to	08—1
363.	力	lì	n.	force; strength	08—1
364.	连……也……	lián...yě	cv.	even	08—2
365.	联系	liánxì	v.	contact	07—2
366.	练习	liànxí	v./n.	practice; exercise	03—2
367.	了解	liǎojiě	v.	understand; comprehend	06—1
368.	聊天	liáo tiān	vo.	chat	03—1
369.	离开	líkāi	v.	leave	10—2

370.	礼貌	lǐmào	n.	manner; courtesy	03—1
371.	林	Lín	n.	a surname	01—1
372.	另	lìng	pron.	other; another	02—1
373.	另外	lìngwài	conj.	in addition	06—2
374.	历史	lìshǐ	n.	history	01—1
375.	留	liú	v.	stay	07—1
376.	流	liú	v.	bleed; flow	09—2
377.	留学	liúxué	vo.	study abroad	06—1
378.	礼物	lǐwù	n.	gift; present	02—2
379.	楼	lóu	n.	building	03—2
380.	楼	lóu	m.	floor	07—1
381.	路	lù	n.	street; road	03—2
382.	录用	lùyòng	v.	employ; hire	07—2
383.	绿	lǜ	sv.	green	04—2
384.	旅行	lǚxíng	v.	ravel	05—1
385.	驴子	lǘzi	n.	donkey	08—1
386.	马	Mǎ	n.	a surname	01—1
387.	卖	mài	v.	sell	03—2
388.	买	mǎi	v.	buy; purchase	02—2
389.	麦当劳	Màidāngláo	pn.	McDonald's	07—1
390.	买卖	mǎimai	n.	buying and selling; trade	05—1
391.	妈妈	māma	n.	mother	01—2
392.	慢慢	mànmàn	adv.	gradually; slowly	05—1
393.	马上	mǎshàng	adv.	immediately; right away	03—1
394.	每	měi	pron.	every; each	01—1
395.	美	měi	sv.	beautiful	04—1
396.	美国	Měiguó	pn.	USA	01—1
397.	美丽	měilì	sv.	beautiful	04—2
398.	妹妹	mèimei	n.	younger sister	02—1
399.	美味	měiwèi	n.	delicious food;

400.	没有	méiyǒu	v.	there is not; not have	01—1
401.	门	mén	m.	measure word	07—2
402.	面	miàn	n.	side	04—2
403.	庙	miào	n.	temple; shrine	04—1
404.	米饭	mǐfàn	n.	rice	10—2
405.	名	míng	m.	measure word	06—1
406.	命	mìng	n.	life	08—2
407.	明年	míngnián	n.	next year	01—1
408.	名医	míngyī	n.	famous doctor	09—1
409.	名字	míngzi	n.	name	01—1
410.	摸	mō	v.	touch; feel	08—1
411.	蘑菇	mógu	n.	mushroom	10—2
412.	木	mù	n.	wood	05—1
413.	拿	ná	v.	take	10—2
414.	那	nà	pron.	that	01—1
415.	奶	nǎi	n.	milk	10—1
416.	奶奶	nǎinai	n.	grandmother	02—1
417.	难	nán	sv.	difficult; hard	05—2
418.	南方	nánfāng	n.	south	05—2
419.	难忘	nánwàng	sv.	unforgetable; memorable	07—1
420.	哪儿	nǎr	pron.	where	04—1
421.	那样	nàyàng	pron.	that; in that way	04—1
422.	能	néng	v.	can; be able to; be capable of	05—2
423.	年级	niánjí	n.	grade; year	07—2
424.	念书	niàn shū	vo.	study	03—1
425.	牛	niú	n.	cow	10—1
426.	努力	nǔlì	n./v.	effort; make great efforts	09—1

在前 delicacy 10—2 (above row 400)

生词表

427.	女	nǚ	n.	female	02—1
428.	爬	pá	v.	climb	08—2
429.	怕	pà	v.	be afraid of; fear	06—1
430.	旁边	pángbiān	n.	side	08—1
431.	跑	pǎo	v.	run	08—1
432.	佩服	pèifú	v.	admire	09—2
433.	碰到	pèngdào	v.	run into; meet	04—1
434.	朋友	péngyou	n.	friend	01—1
435.	皮	pí	n.	skin	09—2
436.	便宜	piányi	sv.	cheap	03—2
437.	漂亮	piàoliang	sv.	beautiful	04—2
438.	瓶	píng	m.	bottle	02—2
439.	平常	píngcháng	sv.	common; ordinary	06—1
440.	普通	pǔtōng	sv.	common; ordinary	10—2
441.	普通话	pǔtōnghuà	n.	common language; Mandarin	05—2
442.	骑	qí	v.	ride	03—2
443.	前	qián	n.	ago; preceding	07—2
444.	钱	qián	n.	money	09—1
445.	钱明	Qián Míng	pn.	Qian Ming	03—1
446.	抢	qiǎng	v.	snatch; seize	08—2
447.	强大	qiángdà	sv.	powerful; big and powerful	10—2
448.	乾隆	Qiánlóng	pn.	title of the fourth emperor's reign in Qing Dynasty	10—2
449.	前面	qiánmian	n.	in front	07—1
450.	敲	qiāo	v.	knock	10—2
451.	巧克力	qiǎokèlì	n.	chocolate	02—2
452.	祈祷	qídǎo	v.	pray	10—1
453.	奇怪	qíguài	sv.	strange; odd	05—2
454.	起来	qǐlái	v.	up	03—1

455. 起名字	qǐ míngzi	vo.	name; give a name	10—2
456. 轻	qīng	sv.	light; gentle	04—2
457. 请	qǐng	v.	invite; ask	01—2
458. 青菜	qīngcài	n.	green vegetables	10—2
459. 清朝	Qīngcháo	pn.	Qing Dynasty	10—2
460. 清楚	qīngchu	sv.	clear; understand	06—1
461. 情况	qíngkuàng	n.	circumstance; situation	05—2
462. 请求	qǐngqiú	v.	ask for; request; beg	10—2
463. 晴天	qíngtiān	n.	sunny day	04—2
464. 亲戚	qīnqi	n.	relative; kinsman	02—1
465. 亲切	qīnqiè	sv.	intimate	04—1
466. 穷	qióng	sv.	poor	09—1
467. 其实	qíshí	adv.	actually; as a matter of fact	05—1
468. 求	qiú	v.	beg; request	10—2
469. 秋天	qiūtiān	n.	autumn	04—1
470. 区	qū	n.	area; district; region	06—2
471. 取	qǔ	v.	fetch; get	08—2
472. 去	qù	v.	go to	01—1
473. 全	quán	sv.	all	04—2
474. 去年	qùnián	n.	last year	03—1
475. 让	ràng	v.	let; allow	02—1
476. 然后	ránhòu	conj.	then; after that	09—1
477. 热	rè	sv.	hot	04—1
478. 热闹	rènao	sv.	lively; bustling with activity	04—1
479. 人家	rénjiā	n.	household	10—2
480. 人来人往	rénláirénwǎng	ie.	people coming and going in great numbers	06—2

481.	人们	rénmen	n.	people	05—1
482.	人民	rénmín	n.	people	09—2
483.	认识	rènshi	v.	know; recognize	01—1
484.	认字	rèn zì	vo.	know how to read	09—1
485.	热情	rèqíng	sv./n.	warm; enthusiasm	03—2
486.	日本	Rìběn	pn.	Japan	01—1
487.	日文	Rìwén	n.	Japanese	01—1
488.	日子	rìzi	n.	day; life	10—1
489.	容易	róngyì	sv.	easy	04—1
490.	肉丝	ròusī	n.	shredded meat	10—2
491.	如	rú	v.	such as; for instance	10—1
492.	如果	rúguǒ	conj.	if	05—1
493.	瑞士	Ruìshì	pn.	Switzerland	04—2
494.	色	sè	n.	color	04—1
495.	杀害	shāhài	v.	kill; slay	10—1
496.	沙漠	shāmò	n.	desert	08—2
497.	山东	Shāndōng	pn.	Shandong province	05—2
498.	伤	shāng	v.	harm; injure	09—2
499.	上	shàng	prep.	on	03—2
500.	上班	shàng bān	vo.	go to work	03—2
501.	商店	shāngdiàn	n.	store; shop	06—1
502.	上课	shàng kè	vo.	go to class; have class	03—2
503.	上面	shàngmian	n.	on top of; above	04—2
504.	上学	shàng xué	vo.	go to school	01—2
505.	善良	shànliáng	sv.	kindhearted	09—1
506.	山水	shānshuǐ	n.	mountains and rivers; landscape	04—2
507.	烧	shāo	v.	burn	09—1
508.	杀死	shāsǐ	vp.	kill; execute	09—1
509.	射	shè	v.	shoot	09—2
510.	舍不得	shě bu de	vp.	be reluctant to;	

			hate to use	04—2
511. 深	shēn	sv.	deep; extremely serious	09—2
512. 神	shén	n.	god; deity	05—1
513. 身边	shēnbiān	n.	nearby	04—2
514. 声	shēng	m.	measure word for sound	08—1
515. 生病	shēngbìng	vo.	fall ill	09—1
516. 声调	shēngdiào	n.	tone	05—1
517. 生活	shēnghuó	n.	life	01—2
518. 生命	shēngmìng	n.	life	10—1
519. 生气	shēngqì	sv.	angry	08—1
520. 生日	shēngri	n.	birthday	02—2
521. 剩下	shèngxia	vp.	remain; be left (over)	10—2
522. 声音	shēngyīn	n.	sound; voice	03—1
523. 什么	shénme	n.	what	01—1
524. 申请	shēnqǐng	n./v.	application; apply	07—2
525. 身体	shēntǐ	n.	body	08—1
526. 神仙	shénxian	n.	immortal; supernatural being	09—1
527. 使	shǐ	v.	make	07—2
528. 市场	shìchǎng	n.	market	03—2
529. 时候	shíhou	n.	(a point in) time; moment	01—1
530. 时间	shíjiān	n.	time	07—1
531. 世界	shìjiè	n.	world	04—2
532. 事情	shìqing	n.	thing; affair	03—2
533. 食堂	shítáng	n.	dining hall; dining room	06—2
534. 试	shì	v.	try	10—1
535. 手	shǒu	n.	hand	05—1

536.	瘦	shòu	sv.	thin	03—1
537.	手臂	shǒubì	n.	arm	09—2
538.	受不了	shòubuliǎo	vp.	can not stand	09—2
539.	首都	shǒudū	n.	capital	06—2
540.	收入	shōurù	n.	income; earning	07—1
541.	蔬菜	shūcài	n.	vegetable	10—1
542.	书店	shūdiàn	n.	bookstore	06—2
543.	睡	shuì	v.	sleep	08—1
544.	水果	shuǐguǒ	n.	fruit	02—2
545.	睡觉	shuìjiào	vp.	sleep	08—2
546.	水桶	shuǐtǒng	n.	water barrel; water bucket	09—2
547.	说	shuō	v.	speak; say	01—1
548.	说到	shuōdào	v.	talk; mention	02—1
549.	说话	shuō huà	vo.	talk	03—2
550.	说明	shuōmíng	v.	indicate; show	10—1
551.	说起来	shuō qilai	adv.	it seems that	10—2
552.	暑期	shǔqī	n.	summer vacation	07—2
553.	熟悉	shúxī	v.	know well; be familiar with	08—1
554.	树叶	shùyè	n.	leaf	04—1
555.	死	sǐ	v.	die; pass away	08—1
556.	四川	Sìchuān	pn.	Sichuan province	10—1
557.	司机	sījī	n.	driver	03—2
558.	送	sòng	v.	give (as a gift); deliver	02—2
559.	送给	sònggěi	vp.	give (as a gift)	02—2
560.	素菜	sùcài	n.	vegetable dish	10—1
561.	随	suí	adv.	along with	07—1
562.	岁	suì	m.	year (of age)	01—1
563.	随便	suíbiàn	adv.	be free and easy; random	10—2

#	词	拼音	词性	释义	课—册
564.	虽然	suīrán	conj.	although; though	02—1
565.	随时	suíshí	adv.	at all times; any time	07—2
566.	笋	sǔn	n.	bamboo shoot	10—2
567.	孙悟空	Sūnwùkōng	pn.	name of a legendary monkey	08—2
568.	所	suǒ	m.	measure word	02—1
569.	所以	suǒyǐ	conj.	therefore; so	05—2
570.	所有	suǒyǒu	sv.	all	06—1
571.	宿舍	sùshè	n.	dormitory	03—1
572.	苏州	Sūzhōu	pn.	Suzhou (a city in China)	04—1
573.	塔	tǎ	n.	tower; pagoda	05—1
574.	太	tài	adv.	very; quite	01—2
575.	谈	tán	v.	chat; talk; discuss	07—1
576.	唐朝	Tángcháo	pn.	Tang dynasty	08—2
577.	唐僧	Tángsēng	pn.	name of a monk	08—2
578.	谈话	tánhuà	v./n.	talk; conversation	04—1
579.	特别	tèbié	sv./adv.	special; especially	03—2
580.	疼	téng	sv.	painfulá	09—1
581.	疼痛	téngtòng	v.	ache; pain	09—2
582.	踢	tī	v.	kick; hoof	08—1
583.	天	tiān	n.	sky	04—1
584.	天兵天将	tiānbīngtiānjiàng	ie.	troops from heaven	08—2
585.	天气	tiānqì	n.	weather	04—1
586.	天堂	tiāntáng	n.	heaven	05—1
587.	天下	tiānxià	n.	all over the world	10—2
588.	天子	tiānzǐ	n.	the Son of Heaven; emperor	10—2
589.	条	tiáo	m.	measure word	08—2
590.	跳	tiào	v.	jump; leap	08—1
591.	听	tīng	v.	listen	01—1

592.	停	tíng	v.	stop	08—1
593.	听不懂	tīng bu dǒng	vp.	do not understand	05—1
594.	听得懂	tīng de dǒng	vp.	can understand (what others said)	05—2
595.	听懂	tīngdǒng	vp.	understand (what others said)	05—1
596.	听话	tīng huà	vo.	obey	08—2
597.	听说	tīngshuō	v.	heard of; be told	04—1
598.	痛苦	tòngkǔ	n.	pain and sufferings; affliction	09—2
599.	同屋	tóngwū	n.	roommate	03—1
600.	同学	tóngxué	n.	classmate; schoolmate	01—1
601.	头	tóu	m.	head	08—1
602.	头	tóu	n.	head	08—1
603.	头发	tóufa	n.	hair	03—1
604.	偷偷	tōutōu	adv.	secretly; stealthily	10—2
605.	图画	túhuà	n.	picture; drawing	05—1
606.	突然	tūrán	adv.	suddenly	06—1
607.	图书馆	túshūguǎn	n.	library	06—2
608.	外国	wàiguó	n.	foreign (country)	01—1
609.	外语	wàiyǔ	n.	foreign language	03—2
610.	完	wán	v.	finish	07—1
611.	晚	wǎn	v.	late	10—2
612.	万	wàn	m.	ten thousand	08—2
613.	王	Wáng	n.	a surname	01—1
614.	王	wáng	n.	king	08—2
615.	忘掉	wàngdiào	v.	forget	09—2
616.	网站	wǎngzhàn	n.	website	07—2
617.	晚会	wǎnhuì	n.	evening party	02—1
618.	完全	wánquán	sv./adv.	complete; entirely	05—2
619.	玩儿	wánr	v.	play; have fun	03—1

620.	晚上	wǎnshang	n.	evening	01—1
621.	位	wèi	m.	measure word	02—2
622.	为	wèi	prep.	for	03—1
623.	味	wèi	n.	flavor	10—2
624.	味道	wèidao	n.	flavor; taste	10—1
625.	为了	wèile	prep.	in order to	07—1
626.	未名湖	Wèimínghú	pn.	the Unnamed Lake	06—2
627.	文化	wénhuà	n.	culture	06—1
628.	问题	wèntí	n.	problem; trouble	05—2
629.	文学	wénxué	n.	literature	06—2
630.	文字	wénzì	n.	characters; script	05—1
631.	戏	xì	n.	drama; play	04—1
632.	虾	xiā	n.	shrimp	10—1
633.	吓	xià	v.	frighten; scare	08—1
634.	下来	xiàlái	v.	come down	08—1
635.	先	xiān	adv.	first; in advance	02—2
636.	西安	Xī'ān	pn.	Xi'an (a city in China)	06—1
637.	现代	xiàndài	sv./n.	modern; modern time	03—2
638.	香	xiāng	n./sv.	sweet smelling; fragrant	10—2
639.	想	xiǎng	v.	miss; think	02—2
640.	像	xiàng	v.	like; resemble	03—1
641.	想到	xiǎngdào	v.	think of	02—1
642.	想法	xiǎngfǎ	n.	idea; opinion	02—2
643.	想念	xiǎngniàn	v.	miss	02—1
644.	想起	xiǎngqǐ	v.	recall; think of; occur to	04—1
645.	详细	xiángxì	sv.	detailed	07—2
646.	相信	xiāngxìn	v.	believe; trust	07—2
647.	想着	xiǎngzhe	v.	think of; recall	03—2

648.	先生	xiānsheng	n.	mister (Mr.); sir	01—1
649.	现在	xiànzài	n.	now	01—1
650.	笑	xiào	v.	smile; laugh	02—1
651.	小吃	xiǎochī	n.	snack; refreshment	06—1
652.	校门	xiàomén	n.	school gate	06—2
653.	小说	xiǎoshuō	n.	novel; fiction	01—1
654.	消息	xiāoxi	n.	news; message	06—1
655.	小心	xiǎoxīn	adv./sv.	carefully; careful	08—1
656.	小学	xiǎoxué	n.	elementary school	01—2
657.	校园	xiàoyuán	n.	campus	06—2
658.	下棋	xià qí	vo.	play chess	09—2
659.	夏天	xiàtiān	n.	summer	03—1
660.	下午	xiàwǔ	n.	afternoon	06—1
661.	下雪	xià xuě	vo.	snow	04—1
662.	下雨	xià yǔ	vo.	rain	04—2
663.	西边	xībiān	n.	west side	04—2
664.	写	xiě	v.	write	02—1
665.	谢	xiè	v.	thank	08—1
666.	西方	xīfāng	n.	west; the West	03—2
667.	习惯	xíguàn	v./n.	be used to; habit	02—2
668.	喜欢	xǐhuān	v.	like; be fond of	01—1
669.	新	xīn	sv.	new	06—2
670.	信	xìn	n.	letter	07—1
671.	行	xíng	sv.	all right	03—1
672.	姓	xìng	n./v.	surname; be surnamed	01—1
673.	星期	xīngqī	n.	week	01—2
674.	星期六	xīngqīliù	n.	saturday	03—2
675.	性情	xìngqíng	n.	nature; temperament	01—1
676.	星期天	xīngqītiān	n.	Sunday	01—2
677.	星期五	xīngqīwǔ	n.	Friday	02—2
678.	兴趣	xìngqù	n.	interest	05—1

679. 幸运	xìngyùn	sv.	lucky	06—1
680. 心里	xīnli	n.	in (one's) mind	07—1
681. 新年	xīnnián	n.	New Year	02—1
682. 新鲜	xīnxiān	sv.	fresh	07—1
683. 休息	xiūxi	v.	rest; break	04—2
684. 希望	xīwàng	v.	hope; wish	02—1
685. 洗澡	xǐ zǎo	vo.	take a bath	01—2
686. 血	xuě	n.	blood	09—2
687. 雪白	xuěbái	sv.	snow-white	04—1
688. 学到	xuédào	v.	acquire	07—2
699. 学会	xuéhuì	v.	learn	01—2
690. 学生	xuésheng	n.	student; pupil	01—1
691. 学习	xuéxí	v.	study; learn	01—1
692. 学校	xuéxiào	n.	school	05—2
693. 压	yā	v.	hold down	08—2
694. 牙	yá	n.	tooth	09—2
695. 羊肉	yángròu	n.	mutton	03—1
696. 研究	yánjiū	n./v.	research; study	10—1
697. 眼前	yǎnqián	n.	before one's eyes	04—2
698. 颜色	yánsè	n.	color	04—2
799. 咬	yǎo	v.	bite; snap at	08—1
700. 药	yào	n.	medicine; drug	09—1
701. 要求	yāoqiú	v.	require; demand	05—2
702. 要是	yàoshi	conj.	if	01—2
703. 也许	yěxǔ	adv.	perhaps; maybe	02—2
704. 爷爷	yéye	n.	grandfather	02—1
705. 医	yī	n.	doctor	09—1
706. 一……就……	yī...jiù...	conj.	as soon as	10—1
707. 一般	yìbān	sv.	ordinary; general	07—2
708. 一辈子	yíbèizi	n.	one's lifetime	06—1
719. 一边……一边	yìbiān...yìbiān	adv.	at the same time	04—1
710. 一点儿	yìdiǎnr	m.	a bit; a little	01—1

711. 一定	yídìng	adv.	surely; certainly	02—1
712. 衣服	yīfu	n.	clothes	03—2
713. 以后	yǐhòu	n.	after; afterwards	01—2
714. 一会儿	yíhuìr	n.	in a moment; for a while	03—1
715. 已经	yǐjīng	adv.	already	02—1
716. 印度	Yìndù	pn.	India	08—2
717. 硬	yìng	sv.	hard; firm	10—2
718. 应该	yīnggāi	v.	should; ought to	02—2
719. 英国	Yīngguó	pn.	Britain; England	01—1
720. 英文	Yīngwén	n.	English	01—1
721. 英雄	yīngxióng	n.	hero	09—2
722. 营养	yíngyǎng	n.	nutrition	10—1
723. 银行	yínháng	n.	bank	03—2
724. 因为	yīnwèi	conj.	because; since	02—2
725. 音乐	yīnyuè	n.	music	01—1
726. 一起	yìqǐ	adv.	together	01—2
726. 以前	yǐqián	n.	before	01—2
727. 一切	yíqiè	pron.	everything	04—2
738. 一生	yìshēng	n.	all one's life; lifetime	09—1
730. 医生	yīshēng	n.	doctor; physician	09—1
731. 意思	yìsi	n.	meaning	02—1
732. 以为	yǐwéi	v.	think; presume	05—1
733. 一下	yíxià	m.	once; one time	01—1
734. 一些	yìxiē	m.	some; a few	01—2
735. 医学	yīxué	n.	medicine; medical science	09—1
736. 医院	yīyuàn	n.	hospital	06—2
737. 一直	yìzhí	adv.	always	05—1
738. 用	yòng	v.	use	01—1
739. 勇敢	yǒnggǎn	v.	brave	09—2

740. 用功	yònggōng	sv.	diligent; hardworking	03—1
741. 油	yóu	n.	oil	10—1
742. 有	yǒu	v.	have; there is	01—1
743. 又	yòu	adv.	again	06—2
744. 又	yòu	adv.	used to indicate that several conditions or qualities exist at the same time	04—1
745. 有的	yǒude	n.	some	03—2
746. 邮局	yóujú	n.	post office	06—2
747. 有名	yǒumíng	sv.	famous; well—known	01—2
748. 有时候	yǒushíhou	adv.	sometimes	03—1
749. 有意思	yǒu yìsi	sv.	interesting	03—2
750. 鱼	yú	n.	fish	10—1
751. 雨	yǔ	n.	rain	04—1
752. 远	yuǎn	sv.	far	04—2
753. 远处	yuǎnchù	n.	distance; beyond	04—2
754. 原来	yuánlái	adv.	turn out to be; originally	02—1
755. 原谅	yuánliàng	v.	forgive; excuse	07—1
756. 愿意	yuànyi	v.	wish; want	09—1
757. 原因	yuányīn	n.	reason; cause	10—1
758. 越……越……	yuè...yuè...	adv.	the more...the more...	06—1
759. 越来越	yuèláiyuè	adv.	more and more	03—2
760. 愉快	yúkuài	sv.	happy; pleased	07—2
761. 语言	yǔyán	n.	language	05—1
762. 在	zài	prep.	in; at	01—1
763. 再	zài	adv.	again; one more time	04—1
764. 在	zài	v.	exist; live	08—1

生词表

231

765. 在意	zàiyì	v.	care about; pay attention to	09—2
766. 早	zǎo	sv.	early	06—1
767. 早晨	zǎochen	n.	morning	03—2
768. 早就	zǎojiù	adv.	early on	08—1
769. 早上	zǎoshang	n.	morning	01—2
770. 怎么	zěnme	pron.	how	08—1
771. 怎么办	zěnme bàn	ie.	what's to be done	08—1
772. 炸	zhá	v.	fry	10—1
773. 站	zhàn	v.	stand	03—1
774. 张	Zhāng	n.	a surname	01—2
775. 张	zhāng	m.	sheet; piece	04—1
776. 长大	zhǎngdà	vp.	grow up	09—1
777. 找	zhǎo	v.	seek; look for	07—2
778. 照	zhào	v.	take (a picture)	07—1
779. 找到	zhǎodào	v.	find	04—1
780. 着急	zháojí	v.	worry; feel anxious	05—1
781. 照片	zhàopiānr	n.	picture; photograph	04—1
782. 这	zhè	pron.	this	01—1
783. 这里	zhèlǐ	pron.	here	01—2
784. 这么	zhème	pron.	so; such	01—2
785. 真	zhēn	adv.	really; truly	03—1
786. 政府	zhèngfǔ	n.	government	05—2
787. 正在	zhèngzài	adv.	in process of	03—1
788. 整整	zhěngzhěng	adv.	whole; full	08—1
789. 针灸	zhēnjiǔ	n.	acupuncture	09—1
790. 这些	zhèxiē	pron.	these	03—2
791. 这样	zhèyàng	pron.	in this way; like this	05—1
792. 只	zhī	m.	measure word	08—1
793. 只	zhǐ	adv.	only; just	01—1
794. 纸	zhǐ	n.	paper	10—2
795. 制	zhì	v.	make; manufacture	09—1

#	词	拼音	词性	释义	课次
796.	治病	zhì bìng	vo.	cure an illness	09—1
797.	知道	zhīdào	v.	know; be aware of	01—1
798.	只好	zhǐhǎo	adv.	have to; be forced	08—2
799.	只是	zhǐshì	adv.	only; merely	02—1
800.	知识	zhīshi	n.	knowledge	07—2
801.	只要……（就）	zhǐyào...(jiù)	conj.	as long as	09—1
802.	中	zhōng	n.	center; middle; interior	07—2
803.	种	zhǒng	m.	sort; kind	03—2
804.	肿	zhǒng	v.	swell	09—2
805.	中毒	zhòng dú	vo.	be poisoned	09—2
806.	中国	Zhōngguó	pn.	China	01—1
807.	种类	zhǒnglèi	n.	kind; type	10—1
808.	中学	zhōngxué	n.	middle school	01—2
809.	重要	zhòngyào	sv./n.	important; significance	10—1
810.	终于	zhōngyú	adv.	finally; eventually	04—1
811.	周末	zhōumò	n.	weekend	07—1
812.	猪	zhū	n.	pig	10—1
813.	住	zhù	v.	live; dwell	02—1
814.	装	zhuāng	v.	pretend; make believe	09—1
815.	专业	zhuānyè	n.	major	07—2
816.	住房	zhùfáng	n.	housing	07—1
817.	准备	zhǔnbèi	n./v.	preparation; prepare	06—1
818.	桌	zhuō	m.	measure word for feast	10—1
819.	桌子	zhuōzi	n.	table	10—2
820.	主要	zhǔyào	adv./sv.	mostly; main	06—2
821.	主意	zhǔyi	n.	idea; thought	10—2
822.	自己	zìjǐ	pron.	oneself	01—2

823.	自我介绍	zìwǒ jièshào	v.	self introduction	03—1
824.	仔细	zǐxì	v.	careful	09—1
825.	自行车	zìxíngchē	n.	bicycle	03—2
826.	总是	zǒngshì	adv.	always	04—1
827.	走	zǒu	v.	walk	03—1
828.	走动	zǒudòng	v.	walk about	08—1
829.	最后	zuìhòu	n.	last; in the end	02—2
830.	最近	zuìjìn	n.	lately; recently	07—1
831.	尊敬	zūnjìng	sv.	respect	07—2
832.	坐	zuò	v.	take; sit	03—2
833.	座	zuò	m.	measure word	05—1
834.	做法	zuòfǎ	n.	way of doing a thing	10—1
835.	做饭	zuò fàn	vo.	cook; prepare a meal	01—1
836.	做官	zuòguān	vo.	secure an official position	08—2
837.	做事	zuò shì	vo.	act; handle affairs	03—1
838.	昨天	zuótiān	n.	yesterday	03—1

北京大学出版社最新图书推荐（阴影为近年新书）

书名	书号	价格
汉语教材		
博雅汉语—初级起步篇（Ⅰ）（附赠3CD）	07529-4	65.00
博雅汉语—高级飞翔篇（Ⅰ）	07532-4	55.00
新概念汉语（初级本Ⅰ）（英文注释本）	06449-7	37.00
新概念汉语（初级本Ⅱ）（英文注释本）	06532-9	35.00
新概念汉语复练课本（初级本Ⅰ、Ⅱ）（初级本Ⅰ）（英文注释本）（附赠2CD）	07539-1	40.00
新概念汉语（初级本Ⅰ）（日韩文注释本）	07533-2	37.00
新概念汉语（初级本Ⅱ）（日韩文注释本）	06534-0	35.00
新概念汉语（初级本Ⅰ）（德文注释本）	07535-9	37.00
新概念汉语（初级本Ⅱ）（德文注释本）	06536-7	35.00
汉语易读（1）（附练习手册）（日文注释本）	07412-3	45.00
汉语易读（1）教师手册	07413-1	12.00
说字解词（初级汉语教材）	05637-0	70.00
初级汉语阅读教程（1）	06531-0	35.00
初级汉语阅读教程（2）	05692-3	36.00
中级汉语阅读教程（1）	04013-X	40.00
中级汉语阅读教程（2）	04014-8	40.00
汉语新视野—标语标牌阅读	07566-9	36.00
基础实用商务汉语（修订版）	04678-2	45.00
公司汉语	05734-2	35.00
国际商务汉语教程	04661-8	33.00
短期汉语教材		
速成汉语（1）（2）（3）（修订版）	06890-5/06891-3/06892-1	14.00/16.00/17.00
魔力汉语（上）（下）（英日韩文注释本）	05993-0/05994-9	33.00/33.00
汉语快易通—初级口语听力（英日韩文注释本）	05691-5	36.00
汉语快易通—中级口语听力（英日韩文注释本）	06001-7	36.00
快乐学汉语（韩文注释本）	05104-2	22.00
快乐学汉语（英日文注释本）	05400-9	23.00
口语听力教材		
汉语发音与纠音	01260-8	10.00
初级汉语口语（1）（2）（提高篇）	06628-7/06629-5/06630-9	60.00/70.00/60.00
中级汉语口语（1）（2）（提高篇）	06631-7/06632-5/06633-3	42.00/39.00/36.00

书名	书号	价格
准高级汉语口语（上）	07698-3	42.00
高级汉语口语（1）（2）（提高篇）	06634-1/06635-X/06646-5	32.00/32.00/32.00
汉语初级听力教程（上）（下）	04253-1/04664-2	32.00/45.00
汉语中级听力教程（上）（下）	02128-3/02287-5	28.00/38.00
汉语高级听力教程	04092-x	30.00
汉语中级听力（上）（修订版）（附赠7CD）	07697-5	70.00
新汉语中级听力（上册）	06527-2	54.00
外国人实用生活汉语（上）（下）	05995-7/05996-5	43.00/45.00
实用汉语系列		
易捷汉语——实用会话（配4VCD）（英文注释本）	06636-8	书28.00/书+4VCD120.00
文化、报刊教材及读物		
中国概况（修订版）	02479-7	30.00
中国传统文化与现代生活-留学生中级文化读本（I）	06002-5	38.00
中国传统文化与现代生活-留学生高级文化读本	04450-X	34.00
文化中国——中国文化阅读教程1	05810-1	38.00
解读中国——中国文化阅读教程2	05811-X	42.00
报纸上的中国——中文报刊阅读教程（上）	06893-X	50.00
报纸上的天下——中文报刊阅读教程（下）	06894-8	50.00
写作、语法及预科汉语教材		
应用汉语读写教程	05562-5	25.00
留学生汉语写作进阶	06447-0	31.00
实用汉语语法（修订本）附习题解答	05096-8	75.00
简明汉语语法学习手册	05749-0	22.00
预科专业汉语教程（综合简本）	07586-3	55.00
HSK应试辅导书教材及习题		
HSK汉语水平考试模拟习题集（初、中等）	04518-2	40.00
HSK汉语水平考试模拟习题集（高等）	04666-9	50.00
HSK汉语水平考试词汇自测手册	05072-0	45.00
HSK汉语水平考试（初、中等）全真模拟活页题集（模拟完整题）	05080-1	37.00
HSK汉语水平考试（初、中等）全真模拟活页题集（听力理解）	05310-X	34.00
HSK汉语水平考试（初、中等）全真模拟活页题集（语法 综合填空 阅读理解）	05311-8	50.00